ENGLISH

NEXT

A2/2

Companion

Hueber Verlag

English NEXT
A2/2

Student's Book
Myriam Fischer Callus
Gareth Hughes
Judith Mader
Birgit Meerholz-Härle
Sue Morris

Companion
Gareth Hughes

| 4. | 3. | 2. | | Die letzten Ziffern |
| 2016 | 15 | 14 | 13 | 12 | bezeichnen Zahl und Jahr des Druckes. |

Alle Drucke dieser Auflage können, da unverändert,
nebeneinander benutzt werden.
1. Auflage
© 2009 Hueber Verlag, 85737 Ismaning, Deutschland
Verlagsredaktion: Thomas Bennett-Long, Rolf Brüseke, Karen Emmendorfer,
                  Hueber Verlag, Ismaning
Herstellung: Cihan Kursuner, Hueber Verlag, Ismaning
Umschlagfoto: © Digital Vision
Zeichnungen: Bettina Kumpe, Braunschweig
Druck und Bindung: Auer Buch + Medien GmbH, Donauwörth
Printed in Germany
ISBN: 978-3-19-042933-2

List of contents *Inhaltsübersicht*

Welcome to your Companion
Das bietet Ihr Companion

Dieses Buch wird Sie auf Ihrem Lernweg mit dem Englischkurs **NEXT A2/2** begleiten. Es bietet Ihnen praktische Hilfen für das Lernen zu Hause und unterwegs. Nutzen Sie Ihren **Companion** im Zusammenspiel mit dem **Student's Book** und den **Audio-CDs** sowie den Materialien und Übungen für Lerner auf der **NEXT-Website** unter www.hueber.de/next.

Your vocabulary
Ihr Lernwortschatz

Der **Unit-Lernwortschatz** (Vocabulary unit by unit) bietet Ihnen die englischen Ausdrücke und Wörter in der Reihenfolge, wie sie in den Units 1 – 10 eingeführt und geübt werden. Hier einige Besonderheiten dieses Lernwortschatzes:

- Die neuen Wörter werden so weit wie möglich im Kontext dargestellt (d. h. in Satzausschnitten, Redewendungen, Ausdrücken usw.).
- In der rechten Spalte finden Sie die deutsche Entsprechung im jeweiligen Zusammenhang.
- Der Wortschatz ist in kleine „Lernportionen" aufgeteilt. Diese Portionen sind unter anderem durch rote Linien voneinander getrennt. Bearbeiten Sie täglich 1 bis 2 Lernportionen – nicht 10 Portionen am Tag des Englischkurses!
- Rote „Achtung!"-Kästchen: Das Symbol ▲ verbindet sprachliche Beispiele mit den Infos im Kästchen.
- Viele praktische **Lerntipps**, die Ihre Wortschatzarbeit zum Lernspaß machen können.

Vergessene Wörter und die Lautschrift schlagen Sie im alphabetischen Wortschatz Vocabulary English – German im **Student's Book** nach. Von dort finden Sie schnell den sprachlichen Zusammenhang im **Student's Book**.

Grammar
Grammatik

- Hier erhalten Sie eine systematische Zusammenfassung der vielen kleinen Informationen aus dem **Student's Book** in einer klar gegliederten Grammatik-Übersicht, dazu aussagekräftige englische Beispiele sowie nützliche Tipps und einfache Erklärungen auf Deutsch. Hier können Sie „sehen", wie englische Texte, Sätze und Satzteile „funktionieren" und wo die Unterschiede zum Deutschen liegen. Und wenn Sie etwas vergessen haben: Hier finden Sie es wieder.

Phrasebank
Wortschatz in Themengruppen

Dieser Wortschatz bündelt systematisch Ausdrücke für das „sprachliche Überleben", etwa für Begrüßung und Abschied und das Schreiben von E-Mails, Lebenslauf etc. Außerdem stellt er große Wortgruppen wie Zahlen, Mengen und Größen und landeskundliche Informationen zusammen.

Your link to the Portfolio
Ihr Link zum Sprachenportfolio

Dieses letzte Kapitel ermöglicht Ihnen die praktische Nutzung eines europaweit verbreiteten und anerkannten Systems zur Planung, Kontrolle, Verbesserung und Dokumentation Ihres eigenen Lernwegs – in diesem Fall für das Englische, Ihre neue Sprache. Nach einer Beschreibung des Europäischen Sprachenportfolios folgen detaillierte Informationen zu den Units 1, 5 und 10. Nutzen Sie die dabei gewonnene Klarheit über ihren bisherigen Lernweg und Ihren Lernstil für die weitere Arbeit mit **NEXT A2/2**.

Am Ende dieses Bandes finden Sie **Tabellen zur Aussprache** und zu den **unregelmäßigen Verben** sowie ein **alphabetisches Verzeichnis** aller verwendeten Begriffe und Schlüsselwörter wie „a" oder „the". Mithilfe der Seitenangaben im Verzeichnis finden Sie sofort zum entsprechenden Thema.

Viel Spaß und Erfolg mit Ihrem **Companion** wünschen Ihnen

Autoren und Verlag

Abbreviations
Abkürzungen

Erklärung der verwendeten Zeichen und Abkürzungen

/	oder
▲	„Achtung!"
↔	Vergleichen Sie bitte.
=	Beide Wörter/Ausdrücke haben gleiche Bedeutung.
≠	Die Wörter/Ausdrücke haben unterschiedliche Bedeutungen.
A2	Abschnitt A, Schritt 2
etw.	etwas
hier:	Das Wort / der Ausdruck hat hier die folgende Bedeutung. (In einem anderen Zusammenhang kann die Bedeutung anders sein.)
jd/jdn/jdm	jemand/jemanden/jemandem
sth	something (etwas)
sb	somebody (jemand/jemanden/jemandem)
UK	britisches Englisch
US	amerikanisches Englisch
sing.	Dieses Wort wird nur oder zumeist in der Singularform (Einzahl) verwendet.
pl.	(1) Dieses Wort wird nur oder zumeist in der Pluralform (Mehrzahl) verwendet. (2) Die unregelmäßige Pluralform ist: ...
adj	adjective (Adjektiv)
adv	adverb (Adverb)
conj	conjunction (Konjunktion)
n	noun (Nomen)
prep	preposition (Präposition)
vb	verb (Verb)
→ S. 51	Verweis auf S. 51

Vocabulary unit by unit
Unit-Lernwortschatz

Unit 1: Old friends and new

old friends and new	alte und neue Freunde

A Letters in your name

letters in your name	Buchstaben in Ihrem/deinem Namen
letter	Buchstabe

Lerntipp

Ein Wort kann mehr als eine Bedeutung haben. So kann zum Beispiel „Küche" sowohl das Zimmer (Ich bin in der Küche.) als auch die Art des Kochens (Ich liebe die italienische Küche.) bezeichnen. Hier ein Beispiel aus dem Englischen: Das Wort **letter** bedeutet sowohl „Brief" (I wrote him a letter.) als auch „Buchstabe" (How many letters are there in the word?). Also seien Sie immer darauf gefasst, dass ein Wort, auch wenn Sie es schon kennen, eine weitere Bedeutung haben kann.

A1

vowel	Vokal
personality	Persönlichkeit, Charakter
you're ambitious,	Sie sind/du bist ehrgeizig,
independent and direct	unabhängig und direkt

Lerntipp

1. In diesem Teil des Unit-Wortschatzes gibt es viele Wörter und Ausdrücke, die die Persönlichkeit von Menschen beschreiben. Lernen Sie diese Wörter am besten, indem Sie gedanklich Ihre Bekannten, Freunde und Verwandten damit charakterisieren. Wenn Sie neue Wörter mit „echten" Leuten verbinden, werden Sie sie bestimmt besser behalten.

2. Neue Vokabeln kann man sich besser merken, wenn man sie gruppiert. Hier ein Beispiel, in dem zwei Gruppen gebildet werden:

	ambitious		courage
You are ...	independent	You have ...	a strong will
	etc.		etc.

ambitious	ehrgeizig
independent	unabhängig
leader	Leiter/in, Führer/in
you're energetic, you	Sie sind/du bist tatkräftig,
have courage and a	Sie haben/du hast Mut und
strong will	einen starken Willen
energetic	tatkräftig, aktiv, energiegeladen
courage	Mut
a strong will	ein starker Wille

you need to be more	Sie müssen/du musst flexibler sein
flexible	
need (to)	etwas tun müssen
flexible	flexibel
you like entertaining	Sie mögen/du magst Freunde
and travelling	einladen und reisen
entertaining ▲	Freunde einladen

▲ Achten Sie auf die „-ing-Form". Tätigkeiten haben oft diese
Form. Vergleichen Sie **dancing, cooking, walking, skiing** usw.
→ Grammatik 2.12

you're emotional and	Sie sind/du bist gefühlsbetont
understanding	und verständnisvoll
emotional	gefühlsbetont, emotional
understanding	verständnisvoll
you're artistic and have	Sie sind/du bist künsterlisch veranlagt und
good taste	haben/hast einen guten Geschmack
artistic	künstlerisch (veranlagt), kunstverständig
have good taste	einen guten Geschmack haben
you're kind, gentle and	Sie sind/du bist sanft(mütig) und
friendly	freundlich
gentle	sanft(mütig)

you need to find more	Sie müssen/du musst innere Ausge-
balance in your life	glichenheit finden
balance	Ausgeglichenheit, Gleichgewicht
you have high moral	Sie haben hohe Moralvorstellungen
standards	
you respect rules and	Sie beachten/du beachtest Regeln und
regulations	Bestimmungen
respect	beachten

you're traditional and conservative	Sie sind/du bist konservativ (eingestellt), Sie haben/du hast eine konservative Grundhaltung
you're a born helper	Sie sind/du bist der geborene Helfer/ die geborene Helferin
intelligent	intelligent

Lerntipp

Intelligent ist ein Wort, das auf Deutsch und Englisch gleich geschrieben wird. Aber es wird auf Englisch anders ausgesprochen: das „g" klingt wie „g" in **age**. Notieren Sie sich solche Unterschiede und merken Sie sich die vom deutschen abweichende Aussprache.

a bit chaotic	ein wenig chaotisch
you're attractive and charming	Sie sind/du bist attraktiv und bezaubernd
charming	bezaubernd, reizend
you love solving problems	Sie lieben/du liebst es, Probleme zu lösen
solve	lösen

B The new student

B1

you look great!	du siehst toll aus!
reply (pl. replies)	Antwort

B2

I'd like you to meet my colleague	darf ich Ihnen meinen Kollegen/ meine Kollegin vorstellen?
how's it going?	wie geht's?
how are things?	wie geht's?
I'm new	ich bin neu

B3

topic	Thema
for the first time	zum ersten Mal
politics ▲	Politik
religion	Religion, Glaube
telephone company	Telefongesellschaft
technical college (UK)	Berufsschule

▲ **Politics** steht trotz des „s" am Schluss grammatisch nicht in der Mehrzahl (Politics **is** an interesting topic.). Vergleichen Sie auch das Wort **news** (Here **is** the news.).

technical college (US)	technische Hochschule
surfing the Net ▲	im Internet surfen

▲ Kein „in"!
surfing the (Inter)Net
↔ <u>im</u> Internet surfen

B4

form a circle	bilden Sie einen Kreis
stand in alphabetical order	stehen Sie in alphabetischer Reihenfolge
test your memory	testen Sie Ihr Gedächtnis
memory	Gedächtnis, Erinnerung

Lerntipp

Beachten Sie, wie Wortfamilien gebildet werden:
memory
re**mem**ber

C More about you and your friends

C2

a piece of information ▲	eine Information

▲ „Eine Information" heißt auf Englisch a **piece of information**. Vergleichen Sie a **piece of news** oder a **piece of advice**. Bitte auf keinen Fall a oder an einfach vor das Nomen setzen: ~~an information~~ (falsch!).

C3

receive	bekommen, erhalten
part-time	Teilzeit
twin boys	Zwillinge (Jungen)
red-haired	rothaarig
heavy metal	Heavy Metal (eine Richtung in der Rockmusik)
they're not perfect	sie sind nicht perfekt
perfect	perfekt
they're always late	sie sind immer spät
late	spät
she lives just a block away from my flat	sie wohnt im Häuserblock nebenan
block ▲	(Häuser)Block

▲ Das Wort **block** hat zwei Bedeutungen:
1. ein Haus mit vielen Wohnungen, ein Wohnblock: **a block of flats, an apartment block**
2. ein Häuserblock, der von Straßen abgetrennt wird. Diese Bedeutung ist ursprünglich amerikanisch und stammt von dem rechteckigen Städtebausystem der Stadt New York.

at her place	bei ihr (zu Hause)
she's got a big heart	sie hat ein großes Herz
easygoing	gelassen
slim	schlank
appearance	Aussehen

C4

| what does he/she look like? | wie sieht er/sie aus? |

Lerntipp

Die Frageform **What ... like?** sollten Sie unbedingt lernen, denn sie wird sehr häufig verwendet. Sie entspricht der Frage „Wie ...?" Sehen Sie sich die folgenden Beispiele an:

What does he look like?	Wie sieht er aus?
What is she like?	Wie ist sie?
What does it taste like?	Wie schmeckt es?
What does it feel like?	Wie fühlt es sich an?
What did it sound like?	Wie hat es sich angehört?

Auch:

| **Who** does he look **like?** | Wem sieht er ähnlich? |

what's he/she like?	wie ist er/sie?
what colour is his/ her hair?	was ist seine/ihre Haarfarbe?
what are his/her interests?	was sind seine/ihre Interessen?
what are his/her hobbies?	was sind seine/ihre Hobbys?
how tall is he/she?	wie groß ist er/sie?

Lerntipp

Und hier ist eine zweite wichtige Frageform: **How** (+ Adjektiv) ... ? Zum Beispiel:

How tall is she?	Wie groß ist sie?
How big is the house?	Wie groß ist das Haus?
How high is the mountain?	Wie hoch ist der Berg?
How good is your boss?	Wie gut ist dein/e Chef/in?

C5

brainstorm some questions	gemeinsam ein paar Fragen erarbeiten
brainstorm	ein Brainstorming machen, gemeinsam erarbeiten
how well do you know your partner?	wie gut kennen Sie Ihren Partner/ Ihre Partnerin?

D When do you use English?

D1

business travel	Geschäftsreisen
for study	für das Studium, im Studium
the whole world speaks English	die ganze Welt spricht Englisch
whole ▲	ganz

▲ Vergleichen Sie:
The whole world speaks English.
= **All the** world speaks English.

D2

set long-term goals	sich langfristige Ziele setzen
long-term	langfristig
goal	Ziel

D3

order a meal	eine Mahlzeit/ein Essen bestellen
write a postcard	eine Postkarte schreiben
find out what you have achieved	finden Sie heraus, was Sie schon erreicht haben
achieve	erreichen
by the end of this semester	bis zum Ende dieses Semesters
by	bis zu
explain my work to them in English	ihnen meine Arbeit auf Englisch erklären
explain	erklären
set short-term aims	setzen Sie sich kurzfristige Ziele
short-term	kurzfristig
aims	Ziele

D4

plan your learning	planen Sie Ihr Lernen

E Do you like your name?

E1

knows where it comes from	weiß woher er kommt
knows the meaning of his/her name	kennt die Bedeutung seines/ihres Namens
meaning	Bedeutung
would prefer a different name	hätte lieber einen anderen Namen
prefer	lieber mögen, vorziehen
something interesting	etwas Interessantes
it means	er/sie/es bedeutet
a present from God	ein Geschenk Gottes

E2

everyone spells it wrongly	alle schreiben ihn falsch
I don't mind at all	es macht mir überhaupt nichts aus

E3

rose	Rose
princess	Prinzessin
bitter	bitter
strength	Stärke, Kraft
lover of horses	Pferdefreund/in, Pferdeliebhaber/in

E4

who calls her by these names?	wer spricht sie mit diesen Namen an?

H Homestudy

H6

I'm on the tube	ich bin in der (Londoner) U-Bahn

Unit 2: Destinations

have you ever been to Kenya?	waren Sie schon einmal in Kenia?
can you describe your suitcase?	können Sie Ihren Koffer beschreiben?

A See the film and then visit the country

A1

seat	Sitzplatz
crowded	überfüllt, voll
that's exciting	das ist aufregend, das ist spannend
I've never been to New Zealand ▲	ich war noch nie in Neuseeland

▲ Vergleichen Sie:

He's **been** to Australia.	Er hat Australien (schon) besucht. (Jetzt ist er wieder zu Hause.)
He's **gone** to Australia.	Er ist nach Australien gereist. (Und jetzt ist er dort. Er ist noch nicht zurück.)

we've been to Paris	wir waren schon (einmal) in Paris
be an active listener	seien Sie ein aktiver Zuhörer/eine aktive Zuhörerin

A2

Zambia	Sambia

A3

favourite holiday destination	Lieblingsurlaubsziel
holiday destination	Urlaubsziel

B Greetings from New Zealand

B1

cross out	durchstreichen
helpful	hilfsbereit
they dress very casually	sie kleiden sich sehr leger / lässig
dress	sich kleiden
casually	leger, lässig

Lerntipp

Es ist einfacher, eine Postkarte zu schreiben, wenn man ein Muster als Vorlage hat. Hier ist ein Muster für Ihre nächste Postkarte aus den Ferien. Man kann es übrigens auch für eine E-Mail oder SMS verwenden.

Dear ...
We're having a great time in ....
The weather is ... The hotel / cha-
let / campsite /... is ....
Yesterday we went to ... / we
went ...ing / we visited ... It was
very ....
Our favourite ... is ....
I hope that you (and ...) are well.
We look forward to seeing you when
we get back.
Love / Take care
...

guide	Führer/in
planned the route very carefully	plante die Route sehr sorgfältig
route	Route, Weg
a beautiful sandy beach	ein schöner Sandstrand
sandy	sandig, Sand-
everybody drives slowly here	hier fahren alle langsam
everybody	alle
because of the film	wegen des Films
because of ▲	wegen

▲ Vergleichen Sie.
We went to New Zealand **because of** the film.
I like driving here **because** people drive slowly.

Wir sind wegen des Films nach Neuseeland gefahren.
Ich fahre hier gern Auto, weil die Leute langsam fahren.

B2

formally	formell

B3

give a reason	nennen Sie einen Grund

B4

how many days holiday do you have?	wie viele Urlaubstage haben Sie/hast du?
days holiday	Urlaubstage

C The business trip to Auckland

C1

car factory	Autofabrik
Munich	München
to meet the local sales team	um das dortige Verkaufsteam kennenzulernen
memo	Kurzmitteilung
budget	Budget
as usual	wie gewöhnlich
Internet access	Internetzugang
parking	Parkplatz, Parkmöglichkeit

C2

per hour	pro Stunde
per	pro
breakfast included	inklusive Frühstück
minibar	Minibar
coffee maker	Kaffeemaschine
hairdryer	Föhn

Lerntipp

Wenn Sie gerne und oft in Hotels übernachten, könnte es für Sie von Nutzen sein, die wichtigsten Begriffe zum Thema Hotel zu notieren und zu lernen. Schreiben Sie eine Liste der für Sie wichtigen Wörter und Ausdrücke. Wenn Sie ein Wort nicht in dieser Unit finden, können Sie im Wörterbuch nachschlagen oder Ihre Kursleiterin fragen – oder am besten auf Websites großer Hotels im Internet suchen.

booking manager	Person, die im Hotel für die Reservierungen zuständig ist

I need a single room	ich brauche ein Einzelzimmer
need ▲	brauchen

> ▲ Vergleichen Sie:
>
> | | |
> |---|---|
> | I **need** a single room. | Ich brauche ein Einzelzimmer. |
> | I **need to** learn English. | Ich muss Englisch lernen. |

single room	Einzelzimmer
booking system	Buchungssystem
website	Internetseite
could you please tell	könnten Sie mir
me if ...	bitte sagen, ob ...
on these dates	an diesen Tagen, zu dieser Zeit
room rate	Zimmerpreis

Kind regards	Mit freundlichen Grüßen
there are no rooms	zur gewünschten Zeit gibt es keine
available on the	freien Zimmer
dates you requested	
apologize	sich entschuldigen
a firm booking	eine feste Buchung, eine feste
	Reservierung
confirmation	Bestätigung
we have a room	wir haben ein freies Zimmer
available	

Lerntipp

Ähnlich wie beim Schreiben einer Postkarte (→ S.15), kann es hilfreich sein, wenn Sie ein Muster für Ihre E-Mails haben. In der Phrasebank (→ S.130) finden Sie eine Seite mit entsprechenden Vorlagen. Sie können diese abschreiben oder kopieren und am Arbeitsplatz zur Verfügung halten.

C3

make a reservation	reservieren
what's the total price	was ist der Gesamtpreis für ...?
for ...?	

D Your flight is now ready for boarding

your flight is now	Ihr Flug ist bereit zum Einsteigen
ready for boarding	
boarding	Einsteigen

Lerntipp

In diesem Teil der Unit ist Fliegen das Thema. Es gibt wichtige Wörter und Ausdrücke, die Sie benötigen, wenn Sie mit dem Flugzeug verreisen. Ein großer Vorteil ist, dass die englischen Wörter international benutzt werden.

Vergessen Sie aber nicht, dass Sie diese Wörter normalerweise nur verstehen und nicht aktiv benutzen müssen. In der Tat haben Sie sowieso einen großen sogenannten „rezeptiven" Wortschatz (Wörter, die Sie verstehen) und einen kleineren „produktiven" Wortschatz (Wörter, die Sie selber verwenden, wenn Sie sprechen).

Hier ein paar Vorschläge, die Ihnen das Lernen der Vokabeln rund ums Fliegen erleichtern:

- Zeichnen Sie „word wheels" für die verschiedenen Etappen einer Reise: vom Kauf des Flugtickets bis hin zur Anreise am Zielort.
- Schreiben Sie eine Liste der verschiedenen Wörter in der Reihenfolge der Reise.
- Zeichnen Sie „word wheels" mit einem Schlüsselwort wie **departure board** in der Mitte und die damit verbundenen Wörter ringsum (z.B. **flight number**, **departure gate** usw.).

Anmerkung: Prüfen Sie die Aussprache der Wörter, denn viele davon sollten Sie verstehen, wenn Sie sie über Lautsprecher am Flughafen hören. Die Lautschrift finden Sie in der alphabetischen Wortliste am Ende des Student's Book.

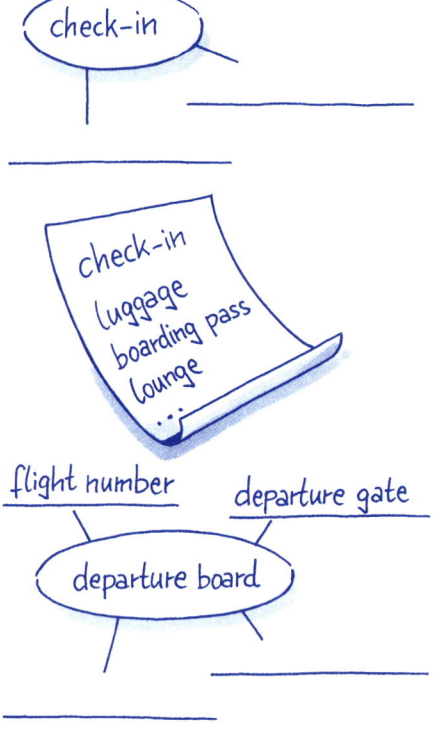

18

D1

departure board	Abflugtafel
arrivals	Ankünfte
flight number	Flugnummer
baggage reclaim	Gepäckausgabe
suitcase	Koffer
briefcase	Aktentasche
passport control	Passkontrolle
departure lounge	Abflughalle
window seat	Fensterplatz
aisle seat	Gangplatz
boarding pass	Bordkarte
last call	letzte Aufforderung
connecting flight	Anschlussflug
will all remaining passengers please proceed immediately to gate 3?	wir bitten nun alle noch fehlenden Passagiere zum Ausgang 3
flight is now closing	wir schließen den Flug in Kürze
regret to announce	bedauern bekannt zu geben
late departure	verspäteter Abflug
late arrival	Verspätung, verspätete Ankunft
incoming aircraft	ankommende Maschine
the new time of departure is expected to be 12.45	die voraussichtliche neue Abflugzeit ist 12.45
time of departure	Abflugzeit

D2

yellow strap	gelber Riemen
dark blue leather suitcase	dunkelblauer Lederkoffer
light blue hard plastic suitcase	hellblauer Koffer aus Hartplastik
have you ever lost your baggage?	haben Sie/hast du schon einmal Ihr/ dein Gepäck verloren?
baggage	Gepäck
I can't find my suitcase	ich kann meinen Koffer nicht finden
baggage identification number	Gepäck-Identifikationsnummer
lost property office	Fundbüro

E Golden gappers

golden gappers	Leute über 50, die ein Jahr oder länger mit Reisen oder einer ehrenamtlichen Tätigkeit verbringen

E1

working holiday	Urlaub, in dem man einer Arbeit nachgeht

E2

studies	Studium
gap year	"Gap Year", Auszeit zwischen Schule und Studium, um etwas Neues auszuprobieren
over-fifties	Leute über 50
kayaking	Kajakfahren
Arctic coast	Küste der Arktis

H Homestudy

H2

caviar	Kaviar
car accident	Autounfall
five-star hotel	Fünfsternehotel
jumbo jet	Jumbojet

H3

bungee jumping	Bungeespringen

H5

please have your passports ready for inspection	bitte halten Sie Ihren Reisepass (oder Personalausweis) zur Überprüfung bereit
we wish you a pleasant flight	wir wünschen Ihnen einen angenehmen Flug

H6

| aeroplane (UK) ▲ | Flugzeug |
| fully booked | ausgebucht |

> ▲ **aeroplane** (UK) ↔
> **airplane** (US)
> aber
> **plane** (UK und US)

Unit 3: Food for friends

what's on your shopping list?	was steht auf Ihrer Einkaufsliste?
shopping list	Einkaufsliste
which restaurant is the best for your business customer?	welches Restaurant ist das Beste für Ihren Geschäftskunden/für Ihre Geschäftskundin?
business customer	Geschäftskunde, -kundin
what sort of things do you do online?	welche Dinge erledigen Sie online?

A Food for the party

A1

| barbecue | Grillparty |

A2

| roll | Brötchen |

A3

| 2 packets of sausages ▲ | 2 Packungen Würstchen |

> ▲ Vergleichen Sie:
> 2 packets **of** sausages ↔ 2 Packungen Würstchen
> 2 kilos **of** stawberries ↔ 2 Kilo Erdbeeren
> a bottle **of** brandy ↔ eine Flasche Weinbrand
> Bei allen Mengenangaben verwendet man **of**.
> → Mengen und Größen in der Phrasebank, S.134

packet	Päckchen, Packung, Tüte
4 cartons of cream	4 Becher Sahne
carton	Packung, Karton, Becher
fresh strawberries	frische Erdbeeren
2 kilos perhaps	so etwa 2 Kilo
and some brandy for me	und Weinbrand für mich
brandy	Brandy, Weinbrand

do you need any balloons or any ice cream?	brauchst du Luftballons oder Eis?
thanks a million	etwa: tausend Dank
one bottle of brandy's fine	eine Flasche Weinbrand reicht
cross your fingers	drück die Daumen

soft drinks	alkoholfreie Getränke
alcohol	Alkohol
dairy product	Milchprodukt
bakery products	Backwaren

for luck	um (jemandem) Glück zu wünschen
luck ▲	Glück

▲ „Glück" kann man mit **luck** oder **happiness** übersetzen.
Luck sagt man, wenn das Schicksal etwas Gutes bringt.
Happiness dagegen ist Glück im Sinne von Zufriedenheit,
Freude, Glücklichsein. Vergleichen Sie auch:
I'm happy. = Ich bin glücklich/zufrieden/fröhlich.
I'm lucky. = Ich habe Glück/Schwein (gehabt).

A4

are there any peanuts on your list?	haben Sie/hast du Erdnüsse auf Ihrer/deiner Liste?
peanut	Erdnuss
report what you have in common	berichten Sie, was Sie gemeinsam haben
crisps (UK) ▲	(Kartoffel)Chips

▲ **crisps** (UK) ↔ **potato chips** (US) = Kartoffelchips
chips (UK) ↔ **(French) fries** (US) = Pommes Frites

Lerntipp

Welche Lebensmittel sind für Sie wichtig? Was essen Sie am liebsten?
Schreiben Sie eine Einkaufsliste für die kommende Woche auf Eng-
lisch. Vergessen Sie nicht: Vokabeln können Sie leichter lernen, wenn
Sie sie mit etwas Konkretem in Ihrem Leben verbinden.

B Can you give me the recipe?

can you give me the recipe?	können Sie/kannst du mir das Rezept geben?
recipe	Rezept

B1

pumpkin pie	Kürbiskuchen
pumpkin	Kürbis
pie	Pastete
oven	Backofen
bake	backen
savoury	salzig
pie crust	hier: eine Art Mürbeteigboden
flour	Mehl
cinnamon	Zimt
sweet	süß

my granny used to make it for me	früher hat ihn meine Oma für mich gemacht
granny	Oma
New England	Neuengland
calories	Kalorien
spice	Gewürz
biscuits at Christmas	Weihnachtsgebäck
pumpkin puree	Kürbismus
I'd be glad to	das mache ich gern
Americans like to eat it at Thanksgiving ▲	Amerikaner essen ihn gern an Thanksgiving

B2

tablespoon	Esslöffel
teaspoon	Teelöffel
cup ▲	hier: Messbecher (US, ca. 240ml)
salt	Salz
vanilla extract	(flüssiges) Vanillearoma

▲ Thanksgiving ist das amerikanische Erntedankfest. Es wird am vierten Donnerstag im November gefeiert.

▲ Weitere Mengen und Größen → Phrasebank, S.134

B3

add the cream	die Sahne dazugeben
add	hinzufügen, dazugeben
mix	verrühren, vermischen
reduce heat	Hitze herabsetzen
heat	Hitze
reduce	herabsetzen

bowl	Schüssel
mixture	Mischung, Teig
pie pan lined with pie crust	Kuchenform mit Boden darin
pie pan	Kuchenform
lined with	ausgelegt mit
bake at 400° Fahrenheit for 15 minutes	bei 400° Fahrenheit 15 Minuten backen
200 degrees Centigrade ▲	200°C
that sounds easy	das klingt leicht
don't worry about problems	mach dir keine Sorgen

▲ Weitere Mengen und Größen → Phrasebank, S.134

Lerntipp

Wenn Ihnen Kochen Spaß macht und Sie sich für gute Küche interessieren, suchen Sie doch einfach Kochrezepte auf Englisch im Internet. Es gibt unendlich viele und Sie werden schnell den Wortschatz rund ums Kochen lernen. Oder kaufen Sie ein Kochbuch in englischer Sprache. Es gibt mittlerweile auch in Großbritannien viele gute und bekannte Köche und hervorragende Kochbücher.

C What do you do online?

C1

download	herunterladen
rent	mieten
I sometimes download recipes	ich lade manchmal Rezepte herunter
I often book hotel rooms online	ich buche oft Hotelzimmer online

C2

he spends on average £100 a month	er gibt durchschnittlich £100 im Monat aus
on average	durchschnittlich
£100 a month	£100 im Monat

C3

software	Software
can he/she live without a computer?	könnte er/sie ohne Computer leben?
without	ohne

D Find a good restaurant online

D1

Monday thru Friday	Montag bis Freitag; thru = through (informell US)
thru (US) ▲	informelle Schreibung von "through", verwendet in den USA, bedeutet hier "bis einschließlich"
brunch	Brunch, Frühstück und Mittagessen in einem
waitress ▲	Kellnerin

▲ → Grammatik, 5.1.2

▲ **Waitress** ist ein Beispiel für die weibliche Form eines Berufs. Beispiele dieser Art sind aber eher selten. In den meisten Fällen ist die Berufsbezeichnung geschlechtsneutral, zum Beispiel **teacher, electrician, secretary**. Anders als im deutschsprachigen Raum befürworten Feministinnen in der angelsächsischen Welt neutrale Berufsbezeichnungen. So spricht man heute nicht mehr von **firemen**, sondern von **firefighters** (wörtlich Brandkämpfer/innen). Statt **policeman** sagt man **police officer**. Schauspielerinnen nennen sich oft **actors** statt **actresses** (die weibliche Form). Und sogar **waitresses** nennen sich häufig **waiters**.

recommend	empfehlen
tofu scramble served with home-made French fries	Tofu Scramble mit selbst gemachten Pommes Frites
tofu scramble	ein vegetarisches Tofu-Gericht mit zerkrümeltem Tofu
French fries (US) ▲	Pommes Frites
seitan steak sandwich with caramelized onions and cheese	Seitansteak-Sandwich mit karamellisierten Zwiebeln und Käse
seitan	Seitan (ein Lebensmittel aus Weizeneiweiß mit fleischähnlicher Konsistenz)
black bean burrito with sweet potato, mushrooms and organic brown rice and sour cream served with a side salad	gefüllte Tortilla mit schwarzen Bohnen, Süßkartoffeln, Pilzen, Bio-Naturreis und Sauerrahm, mit Salatbeilage
burrito	gefüllte Tortilla (Fladenbrot aus Maismehl)
sweet potato	Süßkartoffel
sour cream	Sauerrahm
side salad	Beilagensalat

▲ **French fries** (US) ↔ **chips** (UK)

nightly	jeden Abend, jede Nacht
there's nothing boring or unattractive about the food	das Essen ist alles andere als langweilig oder unansehnlich
unattractive	unansehnlich, unattraktiv
you can enjoy gourmet vegan and vegetarian cuisine	man kann feine vegane und vegetarische Küche genießen
gourmet cuisine ▲	feine Küche, Gourmetküche

▲ **Achtung!**
cuisine = Küche, im Sinne von Kochart/Kochkunst
kitchen = Küche, im Sinne von Zimmer, in dem man kocht
→ Lerntipp im Lernwortschatz Unit 1, S.7

vegan	vegan
cuisine	Küche, Kochkunst
pumpkin soup	Kürbissuppe
vegetable lasagne	Gemüselasagne
organic restaurant	Naturkostrestaurant
serve	servieren, reichen
smoothie	Smoothie (kaltes Obstgetränk aus ganzen, pürierten Früchten)

all the colors in the dining room are cream and brown ▲	die Farben im Speisezimmer sind cremeweiß und braun
there are only a few tables	es gibt nur ein paar Tische
a few	ein paar
impossible	unmöglich
on the menu you can find lots of delicious dishes	auf der Speisekarte findet man viele köstliche Gerichte
dish ▲	Gericht

▲ color (US) ↔ colour (UK)
favorite (US) ↔ favourite (UK)

▲ **Ein Wort, zwei Bedeutungen:**
dish = Gericht (Curry is an Indian dish.)
dish = Teller (Put the dishes in the dishwasher.)

Malaysian curry	malaysisches Curry
shiitake mushroom	Shiitake, Pasaniapilz
barbecued eggplant (US)	gegrillte Aubergine
eggplant (US) ▲	Aubergine

▲ **eggplant** (US) ↔ **aubergine** (UK)

E Secret shopping

E1

when women go shopping they tend to spend money on clothes and ...	wenn Frauen einkaufen gehen, neigen sie dazu, Geld für Kleider und ... auszugeben
when men go shopping they tend to spend money on gadgets and ...	wenn Männer einkaufen gehen, neigen sie dazu, Geld für (technische) Geräte und ... auszugeben
stereotype	Klischee(vorstellung)

E2

sports kit	Sportausrüstung
a new study shows	eine neue Studie zeigt
BlackBerry®	tragbares Gerät, mit dem man telefonieren und E-Mails lesen und schreiben kann

E3

do you always tell the truth?	sagen Sie/sagst du immer die Wahrheit?
that's not true	das ist nicht wahr

H Homestudy

H2

pear	Birne
lemonade	Limonade

H5

food processor	Universal-Küchenmaschine

Consolidation 1

C4

hot toddy	Grog
Scottish salmon	schottischer Lachs

Unit 4: Voluntary work

voluntary work	ehrenamtliche Arbeit
is it on the first floor?	ist es im ersten Stock(werk)?

A I'm interested in voluntary work

A1

definition	Definition

A2

phonetic transcription	Lautschrift
pronounce	aussprechen
volunteer	hier: ehrenamtlicher Mitarbeiter, ehrenamtliche Mitarbeiterin

Lerntipp

Beachten Sie, wie sich in einer Wortfamilie (zum Beispiel **voluntary, volunteer**) die Wortbetonung ändern kann: **vol**untary aber volun**teer**. Das Phänomen, dass sich die betonte Silbe in einem Wort verschiebt, ist ziemlich häufig. Weitere Beispiele:
national   natio**nal**ity
active   ac**tiv**ity
Wenn Sie Wortfamilien lernen, dann achten Sie immer auf die Betonung. Auf welchem Teil des Wortes liegt die Hauptbetonung?

disabled person	behinderter Mensch

A3

for example	zum Beispiel
physically disabled	körperlich behindert
national organization	nationale Organisation, Verein
member	Mitglied
why don't you contact your local club?	warum setzen Sie sich nicht mit Ihrem örtlichen Verein in Verbindung?
social activities	soziale/gesellige Aktivitäten

make friends   Freundschaften schließen

Lerntipp

Wendungen wie **make friends** und **hold an interview** sollten sie immer als Einheit lernen. Bei diesen Beispielen handelt es sich um eine
Kombination aus Verb und Objekt.
Weitere Wendungen in dieser Unit:
- Verben, die aus mehreren Wörtern bestehen: **find out about, go off,
  get inside**
- Präposition + Nomen: **on time, at the front, at the back, on the
  way**
- Zwei Nomen: **work experience, shopping centre, information
  desk, fire alarm, warning sign** (Anmerkung: Zusammengesetzte Nomen werden übrigens auf Deutsch meist zusammenge-
  schrieben.)

A4

bored	gelangweilt
learn something new	etwas Neues lernen
something	etwas
vice-president	hier: 2. Vorsitzende/r, stellvertretende/r Vorsitzende/r
how did you find out about our club?	wie haben Sie/hast du von unserem Verein erfahren?
find out about something	von etwas erfahren
the local paper	die Lokalzeitung

B Time for your interview

time for your interview	Zeit für Ihr/dein Vorstellungsgespräch
interview (n)	Vorstellungsgespräch

B2

interview (vb)	befragen, ein Bewerbungsgespräch führen
have you had any more work experience?	haben Sie/hast du noch mehr/andere Berufserfahrung?
work experience ▲	Berufserfahrung
hold the interview	das Vorstellungs- gespräch führen

▲ **work experience**
(zwei Wörter) ↔
Berufserfahrung
(ein Wort)

C Organizing a trip to the shopping centre

| organizing a trip to the shopping centre | einen Ausflug zum Einkaufszentrum organisieren |

C1

minibus	Kleinbus
entrance	Eingang
go off in small groups	in kleinen Gruppen losgehen
go off	losgehen

Lerntipp

In NEXT sind Sie bereits vielen Ausdrücken mit **go** begegnet. Versuchen Sie, diese als Einheiten zu lernen, zum Beispiel:

go off	losgehen
go away	weggehen
go out	(hin)ausgehen
go in	hineingehen
go back	zurückgehen
go on	weitermachen, weitergehen

Beachten Sie, dass diese Ausdrücke – anders als im Deutschen – im Satz zusammenbleiben:
They **go in** at 9 o'clock. ↔ Sie gehen um 9 Uhr hinein.

we don't have to meet again until ...	wir müssen uns erst (...) wieder treffen
don't have to	nicht müssen
you mustn't be late	Sie dürfen/du darfst nicht zu spät kommen
mustn't	nicht dürfen
find the way	den Weg finden
do we have to take a raincoat?	müssen wir einen Regenmantel mitnehmen?
raincoat	Regenmantel

C3

you must come on time	Sie müssen/du musst pünktlich kommen
on time	pünktlich
do not be late!	kommen Sie/komm nicht zu spät!, seien Sie/sei pünktlich!

C4

| **a swimming trip for a group of children and adults** | ein Badeausflug für eine Gruppe Kinder und Erwachsener |

D At the shopping centre

at the shopping centre   im Einkaufszentrum

D1

warning sign	Warnschild
walk carefully!	gehen Sie vorsichtig!
drive slowly!	fahren Sie langsam!
leave the building quickly if you hear the fire alarm!	verlassen Sie unverzüglich das Gebäude, wenn Sie den Feueralarm hören!

D2

let's get inside ▲   lass uns hineingehen/gehen wir hinein!

> ▲ **Get** wird oft im Sinne von „gehen" gebraucht.
> **Let's get inside.** ↔ **Let's go inside.**

step	Stufe
push	schieben
on the way	auf dem Weg
clearly	deutlich
be careful!	Vorsicht! Seien Sie/sei vorsichtig!
hold it carefully!	halten Sie/halte sie vorsichtig!
it's really good of you ▲	es ist wirklich freundlich von Ihnen/dir

> ▲ **It's good of you.** ↔ Es ist freundlich von dir.

gently ▲   sanft, vorsichtig

> ▲ Das Adverb **gently** ist sprachlich mit dem Wort **gentleman** verbunden.
> Ein **gentleman** (gentle man) ist ein Mann, der mit anderen Menschen
> höflich und sanft (ohne Aggression) umgeht.

D3

at the front	vorne
on the first floor (US)	im Erdgeschoss
on the first floor (UK)	im ersten Stock
at the back	hinten

D4

information desk	Auskunftsschalter
love	(Umgangssprache) meine Liebe, Liebes
mate	(Umgangssprache) Kumpel
disabled toilet	Behindertentoilette
escalator	Rolltreppe, Fahrtreppe
personal questions	persönliche Fragen

E I was a volunteer

E1

full-time work	Vollzeitbeschäftigung
administrator	Verwaltungsangestellte/r
government office	Behörde
gardening	Gartenarbeit

mentally disabled street children	Straßenkinder mit geistiger Behinderung
hug	umarmen
Aunty!	Tantchen!
schoolwork	Schularbeit
painting	Malerei
individual	einzeln
girl	Mädchen
to take time	sich Zeit nehmen
probably	wahrscheinlich
the most important thing	das Wichtigste
a great culture	eine großartige Kultur
I will never forget	ich werde (...) nie vergessen

to be keen on something	etwas sehr gern mögen, begeistert sein von
wildlife trust	Naturschutzverband
reserve	Naturschutzgebiet
grow	wachsen
naturally	natürlich
outside in the fresh air	draußen an der frischen Luft
ready for the day's work	bereit für die Tagesarbeit
heavy work	(körperlich) schwere Arbeit
Mike found out about voluntary work	Mike hat von der ehrenamtlichen Arbeit erfahren
he loses one day's pay a week	er verliert einen Tageslohn pro Woche

H Homestudy

H1

IT specialist	Informatiker/in, IT-Spezialist/in

H6

plate	Teller

Unit 5: School and work

did you do an apprenticeship?	haben Sie eine Lehre gemacht?
apprenticeship	Lehre, (Berufs)Ausbildung

A My favourite teacher

A1

school subject	Schulfach
art	Kunst
biology	Biologie
chemistry	Chemie
geography	Erdkunde
history	Geschichte
maths	Mathematik
physics	Physik
writing	Schreiben

primary school	Grundschule
secondary school	weiterführende Schule
fifth grade	fünfte Klasse

I was good at German but I was rather bad at maths	ich war gut in Deutsch, aber ich war ziemlich schlecht in Mathematik
good at ▲	gut in

▲ Vergleichen Sie:
I was **good at** maths. ↔ Ich war gut in Mathe.
It was **good of** you to help me. ↔ Es war freundlich von dir, mir zu helfen.

bad at	schlecht in
I was terrible at history	ich war furchtbar in Geschichte

A2

positive attitude	positive Einstellung
a kind word	ein freundliches Wort

smile	lächeln
pupil ▲	Schüler/in

> ▲ **Pupil** ist eher ein altmodisches Wort für Schüler oder Schülerin. In der Schule spricht man heute oft von den Kindern und Jugendlichen als **students**. Anders also als „Student" auf Deutsch wird das Wort **student** für alle Lernenden (von jung bis alt, in der Schule, in der Erwachsenenbildung sowie in der Hochschule) gebraucht.

whose favourite teacher was a primary school teacher?	wessen Lieblingslehrer/in war ein Grundschullehrer/eine Grundschullehrerin?
whose	wessen

Lerntipp

Sie können die Wörter aus Unit 1, mit denen Sie die Persönlichkeit von Menschen beschrieben haben, hier wieder benutzen und festigen. Beschreiben Sie doch mal Ihren Lehrer oder Ihre Lehrerin.

A3

what school did he/she teach in?	an welcher Schule hat er/sie unterrichtet?

B Lifelong learning

lifelong learning	lebenslanges Lernen

B1

hostel	Herberge
cultural programme	kulturelles Programm
length of the course	Kursdauer
length ▲	hier: Dauer

> ▲ Achtung! Das Wort **length** bzw. **long** hat zwei Bedeutungen:
>
> | | |
> |---|---|
> | **What is the length of the course?** | (Dauer) |
> | **What is the length of the road?** | (Länge) |
>
> | | | |
> |---|---|---|
> | **How long is the course?** | Wie lang ...? | (Dauer) |
> | **How long is the road?** | Wie lang ...? | (Länge) |

multimedia	multimedial
number of lessons a day ▲	Anzahl von Unterrichtsstunden pro Tag
exam preparation	Prüfungsvorbereitung

> ▲ Von der Bedeutung her dasselbe:
> the number of lessons **a** day ↔
> the number of lessons **per** day

exam	Prüfung
size of the group	Gruppengröße

B2

advert	Anzeige
brochure	Prospekt, Broschüre
call me to discuss details	rufen Sie mich an, um Einzelheiten zu besprechen
detail	Einzelheit

how long are your courses?	wie lange dauern Ihre/deine Kurse?
it's up to you	das ist Ihre/deine Entscheidung, das bleibt Ihnen/dir überlassen
self-study	Selbststudium
what accommodation do you have?	welche Unterbringungsmöglichkeiten gibt es?
accommodation	Unterbringung, Unterkunft

Lerntipp

Den Brief im Student's Book können Sie als Muster nutzen und abschreiben oder kopieren. Er kann als Vorlage dienen, wenn Sie schriftlich um Informationen bitten wollen.

most students stay with a family	die meisten Teilnehmer wohnen bei einer Familie
stay ▲	wohnen, übernachten

▲ Ein Wort, zwei Bedeutungen:
stay with a family = (begrenzte Zeit) bei einer Familie wohnen
stay at home = zu Hause bleiben

it depends	es kommt darauf an

we offer courses all through the year	wir haben das ganze Jahr über Kurse
offer	anbieten
as you like	wie Sie wollen, wie du willst
afternoon programme	Nachmittagsprogramm

prepare for the Cambridge exams	auf die Cambridge-Prüfung vorbereiten

Lerntipp

Achten Sie besonders auf die Kombinationen Verb + Präposition. Oft ist die Präposition im Englischen eine andere. Am besten lernt man die beiden Wörter als Einheit.
prepare **for** an exam = sich **auf** eine Prüfung vorbereiten

prepare	vorbereiten; sich vorbereiten
preparation course	Vorbereitungskurs
individual	einzeln
qualified	ausgebildet, qualifiziert
experienced	erfahren

C My qualifications

my qualifications	meine Qualifikationen, meine Abschlüsse

C1

comprehensive school	Gesamtschule
A levels (UK)	dem Abitur vergleichbarer Schulabschluss
business studies	Betriebswirtschaft
art and design	Kunst und Design
further education	Weiterbildung
employment	Arbeit, Beschäftigung, Berufstätigkeit
graduate	Absolvent/in
trainee manager	Trainee

college (UK)	Berufsschule
carpentry and joinery	Tischlerei, Schreinerei
NVQ Level 2	berufsbezogene Qualifizierung

electrician	Elektriker/in
2 years' experience	2 Jahre Erfahrung
university of applied sciences	Fachhochschule
Bachelor in Engineering	Bachelor in Ingenieurwissenschaften

institution	Einrichtung
apprentice	Lehrling, Auszubildende/r
HR manager	Personalleiter/in

placement	Praktikum, Vermittlung
what came next?	was kam als nächstes?
interviewer	Person, die das Bewerbungsgespräch führt
by the way	übrigens

Lerntipp

Um diese und andere Wörter, die für Sie persönlich wichtig sind, zu lernen, entwerfen Sie Ihren eigenen Lebenslauf. In der Phrasebank (→ S.132) finden Sie unter CV ein Muster.

C2

education and qualifications profile	(schriftliches) Profil über (Schul)Bildung und Qualifikationen
leave school	die Schule verlassen
finish your apprenticeship	Ihre/deine Berufsausbildung abschließen
start work	anfangen zu arbeiten

C3

the States	die (Vereinigten) Staaten (von Amerika)
student loan	Studentendarlehen
government	Regierung
target	Ziel

D Apply for a job

apply for a job	sich auf eine Stelle bewerben

D1

what's it about?	worum handelt es sich?, worum geht es?
responsibility	Verantwortung, Verantwortlichkeit
clean driving licence	Führerschein ohne Punkte (in Flensburg)
driving licence	Führerschein
self-motivated	selbstmotiviert
deliver	liefern, austragen, ausfahren
homes in this area	Wohnungen und Häuser in dieser Gegend
up to 12 hours a week	bis zu 12 Stunden pro Woche
material	Stoff
cause an accident	einen Unfall verursachen

D2

application form	Bewerbungsformular
part-time work	Teilzeitbeschäftigung
apply for the job	sich auf die Stelle bewerben
middle name	zweiter Vorname
valid driving licence	gültiger Führerschein
right to work in the UK	das Recht, im Vereinigten Königreich zu arbeiten
work permit	Arbeitserlaubnis
National Insurance number (UK)	Sozialversicherungsnummer
birth certificate	Geburtsurkunde
declaration	Erklärung
I confirm that the information I have given is correct	ich bestätige, dass meine Angaben richtig sind
North Yorkshire Press can keep this information in a secure place	North Yorkshire Press kann diese Informationen an einem gesicherten Ort aufbewahren
keep	aufbewahren
secure	gesichert, sicher
use it in dealing with my application	in Zusammenhang mit meiner Bewerbung darauf zugreifen
signature	Unterschrift
indicate	kennzeichnen
cross	Kreuz
something else	etwas anderes

Lerntipp

Wie in Unit 3 gibt es auch in dieser Unit Wörter und Ausdrücke, die Sie wahrscheinlich nicht selber aktiv benutzen werden, aber verstehen möchten. Berücksichtigen Sie dies beim Lernen. Lernen Sie nicht alle Wörter auf die gleiche Weise, sondern wenden Sie unterschiedliche Techniken an. Wenn es zum Beispiel um die Begriffe in einem Formular geht, dann lernen Sie diese am besten, indem Sie das Formular selbst mehrmals wieder lesen. Oft können Sie die Bedeutung der Wörter auch erraten, denn Sie haben ja bereits vor dem Lesen eine gewisse Vorstellung vom Inhalt.

E Gap years

E1

Third World	Dritte Welt
take a break after their studies	nach dem Studium eine Auszeit nehmen
overseas	im Ausland
to borrow money	Geld leihen

Unit 6: The world around us

the world around us	die Welt um uns herum
what can we do to protect the environment?	was können wir tun, um die Umwelt zu schützen?
protect	schützen
environment	Umwelt

A Beautiful day, isn't it?

A1

shower	(Regen)Schauer
thunderstorm	Gewitter
chilly	kühl

A2

brand-new	brandneu, nagelneu
temperatures are ranging from 40 degrees in Boston to the lower 50s in New York City	Temperaturen reichen von 40 Grad Fahrenheit in Boston bis circa 50 bis 53 Grad in New York City

Lerntipp

Zurück zum Thema rezeptiver und produktiver Wortschatz:
Das Lernziel dieser Unit ist, Wettervorhersagen im Fernsehen, Radio, Internet und in der Zeitung zu verstehen. Darüber hinaus ist es wichtig, selber etwas über das Wetter sagen zu können. Das heißt: Es reicht völlig aus, wenn Sie den überwiegenden Teil des Textes in der Wettervorhersage nur verstehen. Aber die zentralen Wörter rund ums Wetter (**shower, thunderstorm** usw.) sollten Sie richtig lernen und anwenden können.

range from ... to ...	reichen/gehen von ... bis, liegen zwischen
lower 50s	circa 50 bis 53 Grad
upper 60s ▲	circa 67 bis 69 Grad

▲ Mehr zum Thema Fahrenheit und Celsius
→ Conversion tables in der Phrasebank, S.134.

mild	mild
keep the umbrellas handy	halten Sie die Regenschirme griffbereit
that's the latest rap on your weather	(Umgangssprache) das ist der neueste Wetterbericht

Lerntipp

Vergleichen Sie:
Yesterday ...

... there was / we had a thunderstorm.	**... it was thundery.**
... there were / we had some showers.	**... it was showery.**
... there was / we had some rain.	**... it was rainy.**

Um Ihr Vokabular zu vervollständigen, schlagen wir vor, dass Sie die folgenden Lücken ausfüllen.

thunderstorm
thundery/stormy

cloud
_____

sun(shine)
_____

_____
windy

rain
_____

_____
frosty

40

A3

I'll be in freezing Berlin this time tomorrow	ich werde morgen um diese Zeit im eiskalten Berlin sein
this time tomorrow ▲	morgen um diese Zeit

> ▲ Vergleichen Sie die Wortstellung:
>
> | | | |
> |---|---|---|
> | **this time tomorrow** | ↔ | morgen um diese Zeit |
> | **early tomorrow** | ↔ | morgen früh |
> | **late yesterday** | ↔ | gestern spät |
> | **8 o'clock today** | ↔ | heute um 8 Uhr |

small talk	Small Talk, Konversation

B Winter wonderland

winter wonderland	Winter-Wunderland

B2

experience fantastic snow	fantastischen Schnee erleben
experience	erleben
wonderful dining	wunderbares Essen
dining	Essen, Speisen, Dinieren
exciting events for all ages	spannende Veranstaltungen für jedes Alter
age	Alter
cross-country skiing	Skilanglauf
snowshoeing	Schneeschuhwandern
dog sledding team	Schlittenhundegespann
snowmobiling	Motorschlittenfahren
sleigh ride	Pferdeschlittenfahrt
ice skating	Eislaufen

Lerntipp

In diesem Teil der Unit finden Sie viele Wörter zum Thema Wintersport. Wenn Sie sich für Wintersport interessieren, dann sollten Sie diese lernen. Aber seien Sie wählerisch beim Lernen von neuen Wörtern, denn Sie können sich nicht alles merken. Es sei denn, Sie sind ein Genie!

B3

the future will bring big changes	die Zukunft wird große Veränderungen bringen
future	Zukunft

enjoy it while it lasts	genießen Sie/genieße es, solange es (noch) geht
while ▲	solange, während
last	(an)dauern, halten
in 20 years' time	in 20 Jahren
get rain rather than snow ▲	es wird eher Regen als Schnee geben

▲ Remember:
get (rain) = (Regen) bekommen
get (inside) = (hinein)gehen

rather than	eher …, als
the way things are now	so wie die Dinge stehen
I see your point	ich sehe, was Sie meinen/du meinst
people have realized the effects of global warming	die Menschen haben die Auswirkungen der globalen Erwärmung begriffen
realize	begreifen, erkennen
it won't matter anyway	das macht dann ohnehin nichts mehr aus/das ist dann nicht mehr wichtig
virtual trips on the Internet	virtuelle Touren im Internet
change of scenery	hier: Tapetenwechsel
every now and then	ab und zu, hin und wieder

Lerntipp

Den Ausdruck **every now and then** kann man sich gut merken und in ein Gespräch einbringen. Wörter oder Wendungen, die einfach nur gefallen und schön oder lustig klingen, lernt man gern.

robot	Roboter
cleaning	Putzen
I'm not so sure about that	da bin ich mir nicht so sicher
turn your living room into an igloo	Ihr/dein Wohnzimmer in ein Iglu verwandeln
turn sth into sth ▲	etw. in etw. verwandeln

▲ **turn** (1)
Das Verb **turn** hat verschiedene Bedeutungen. Hier ist die erste in diesem Buch.

B4

I think so, too	das glaube ich auch
disagree	nicht einverstanden sein
agree	zustimmen, einverstanden sein
you're right	Sie haben/du hast Recht

I don't think so	das finde ich nicht, ich glaube das nicht

Lerntipp

Wir schlagen vor, dass Sie diese Ausdrücke, die man gut in einer (geschäftlichen) Besprechung verwenden kann, auf einem Kärtchen notieren. Schreiben Sie zwei Spalten: eine Spalte **agree**, die andere **disagree**. Dann können Sie das Kärtchen als kleine Hilfe mit in das nächste Meeting nehmen.

C How green are you?

C1

daily life	Alltag, tägliches Leben
daily	täglich
turn off the lights	das Licht ausschalten
turn off ▲	abschalten, ausschalten
heating	die Heizung
hang	aufhängen
washing line	Wäscheleine
recycle my garbage	meinen Müll trennen/recyceln
take my own bag ▲	meine eigene Tasche/Tüte mitnehmen

▲ **turn** (2)
Vergleichen Sie:
turn off/on the lights =
  das Licht ein-/ausschalten
turn something into something =
  etwas in etwas verwandeln

▲ Achtung!
Man kann **own** nur mit einem Possessivpronomen verwenden:
my own bag, **your own** bag etc.
Niemals: ~~the own~~ bag

somewhere	irgendwo
keep going	weitermachen
you're on the right track	Sie sind/du bist auf dem richtigen Weg

C2

promise	versprechen
quite a few ▲	etliche, ziemlich viele
planet	Planet
plastic bag	Plastiktüte
hundreds of	Hunderte von
no way!	hier: garantiert nicht!
I might use my bike	vielleicht nehme ich mein Fahrrad
separate glass from paper	Glas und Papier trennen
separate	trennen
from now on	von jetzt an

▲ **Quite a few** ist oft ein Understatement für **a lot.**

| possibly | möglicherweise |
| definitely | bestimmt, auf jeden Fall |

D Guerrilla gardeners

D1

| plant | pflanzen, anpflanzen |
| flower | Blume |

| someone else's land | auf fremden Grundstücken, auf Grundstücken, die einem nicht gehören |
| fight | kämpfen, bekämpfen |

on most days	an den meisten Tagen
forest	Wald
right next to our house	direkt neben unserem Haus
trees were cut down	Bäume wurden gefällt
cut down	abholzen, fällen
freeway (US)	(mautfreie) Autobahn
nature is brought back into the city	die Natur wird in die Stadt zurückgebracht
bring back	zurückbringen

| he was born near Miami | er wurde in der Nähe von Miami geboren |

D2

what's one down?	was ist eins senkrecht?
think back	zurückdenken

E Who's who?

E1

bridge	Brücke
gate	Tor
fence	Zaun
escape	fliehen, flüchten
he began to wrap buildings	er fing an Gebäude einzuwickeln
wrap	einwickeln

Consolidation 2

C1

clutter	Durcheinander, Kram
vase	Vase
Oxfam shop	britische Hungerhilfe
sell them on eBay	auf eBay verkaufen

C2

catastrophe ▲	Katastrophe
novel	Roman
electrical	elektrisch
make sure	sicherstellen
good clean clothes and shoes	gute saubere Kleider und Schuhe
broken	beschädigt

▲ Achten Sie auf die Aussprache: Das **e** am Schluss des Wortes **catastrophe** wird wie ein y oder ein **i** ausgesprochen. Das Wort reimt sich etwa auf **coffee**.

C3

repair	reparieren; Reparaturen
looking after a dog	auf einen Hund aufpassen
to look after sb or sth	auf etwas aufpassen

Unit 7: Sports and games

do you know any famous sportsmen or sportswomen? kennen Sie berühmte Sportler oder Sportlerinnen?

A Sports and games

A1

running	Laufen

Lerntipp

Am Ende des Teils B1 finden Sie einige Tipps zum Wortschatz Sport in dieser Unit.

sailing	Segeln
chess	Schach
climbing	Klettern
bungee jumping	Bungeespringen, Bungee-Jumping

water sport	Wassersport
individual sport	Einzelsport, Individualsport
team sport	Mannschaftssport, Mannschaftssport(art)
outdoor sport	Outdoorsport, Sport im Freien
indoor sport	Indoorsport
extreme sport	Extremsport

A2

handball	Handball
(ice) hockey ▲	Eishockey

▲ Es gibt zwei Arten von Hockey: **ice hockey** (auf Eis) und **field hockey** (auf Gras). Je nach Land, Kultur und Klima wird die eine Form häufiger gespielt als die andere. Vergleichen Sie:
US, Canada usw.: **hockey = ice hockey**
UK, Australia usw.: **hockey = field hockey**

A3

sport commentary	Sportreportage (im Radio)

Lerntipp

Vergessen Sie nicht, dass es in diesem Teil der Unit in erster Linie um rezeptiven Wortschatz geht: Sie sollten die Kommentare verstehen, müssen aber selber nichts produzieren.

heavyweight	hier: Schwergewichtsboxer
beat	schlagen, besiegen
fight	Kampf
retain	behalten
edition	Sendung

final straight	Schlussgerade
in the lead	in Führung
close behind	knapp dahinter
overtake	überholen
maintains his position	hält seine Position

huge round of applause	Riesenapplaus, gewaltiger Applaus
huge	riesig
applause	Applaus
World Cup	Weltmeisterschaft
slalom	Slalom
combined	Kombination

A4

windsurfing	Windsurfen
water skiing	Wasserski(laufen)
mountain biking	Mountainbikefahren
skydiving	Fallschirmspringen
against	gegen

experience of a lifetime	einmaliges Erlebnis
my heart goes boom	mein Herz schlägt wie wild
since then	seither, seitdem
I'm keen on ...	ich mag ... sehr gern, ich ... mit Begeisterung
challenge	Herausforderung

B Something for everybody

B1

cricket	Kricket
judo	Judo
table tennis	Tischtennis
basketball	Basketball
rugby	Rugby

Super Bowl	Finale/Endspiel der amerikanischen Football-Profiliga
viewer	Fernsehzuschauer/in
motor racing	Autorennen

Lerntipp

Wie Sie bereits wissen, ist es von Vorteil, Wörter zu gruppieren. Denn so schaffen Sie sinnvolle Verbindungen zwischen den Begriffen, was das Lernen vereinfacht. Hier könnten Sie Sportarten entsprechend Ihren eigenen Interessen auflisten, zum Beispiel: meine Top Ten. Oder Sie könnten sich an den Kategorien in A1a im Student's Book orientieren. Eine weitere Möglichkeit: Schreiben Sie Sportarten, die mit –ing enden, in die linke Spalte und die anderen in die rechte Spalte:

	running.		handball.
I go ...	sailing.	I play ...	chess.
	climbing.		basketball.

B2

do you enjoy playing cards?	spielen Sie gern Karten?
play cards	Karten spielen
yes, but I prefer jogging	ja, aber ich gehe lieber joggen
prefer	lieber mögen, vorziehen

B3

cosmetics industry	Kosmetikindustrie
works long hours	einen langen Arbeitstag haben
doing medicine at university ▲	Medizin an der Universität studieren

▲ Das Wort **do** ist in diesem Zusammenhang eher Umgangssprache: Sie können auch **study** benutzen (I'm studying medicine.).

| besides | außer, neben |
| take part in ▲ | teilnehmen an |

▲ **take** (1)
In dieser Unit werden zwei Ausdrücke mit dem Verb **take** eingeführt. Hier der Erste:
I took part in a game. = Ich nahm an einem Spiel teil.
Beachten Sie, dass die beiden Wörter **take part** im Englischen nicht getrennt werden.

a number of ▲	einige, etliche

▲ **A number of** ist ein Ausdruck, der häufig benutzt wird. Er bedeutet „eine Anzahl/Menge", die etwas größer als **some** ist.
I have a number of questions to ask.

pretty good	ziemlich gut
sports facilities	Sportanlagen
see how it goes	sehen, wie es läuft
nearby	in der Nähe
put the children to bed	die Kinder ins Bett bringen

C A weekend of games

C1

a weekend of fun and games	ein Wochenende mit Spaß und Spielen
badminton	Federball, Badminton
take place ▲	stattfinden

▲ **take** (2)
Vergleichen Sie auch **take part** oben und beachten Sie den Unterschied:
take place (place = Ort) stattfinden
take part (part = Teil) teilnehmen

I can't play at all	ich kann überhaupt nicht spielen
how are you getting there?	wie kommen Sie/kommst du dahin?
get there	(da)hinkommen
we've got a deal	wir haben eine Abmachung
I'll give you a call ▲	ich rufe Sie/dich an
to be honest, I don't like football at all	ehrlich gesagt, ich mag Fußball überhaupt nicht

▲ Dreimal dasselbe:
I'll give you a call.
I'll call you.
I'll phone you.

C2

speaking English on the telephone	auf Englisch telefonieren
bridge	Bridge (ein Kartenspiel)
snakes and ladders	ein Brettspiel mit Bildern von Schlangen und Leitern auf dem Spielbrett

swimming costume	Badeanzug
smart clothes	schicke Kleidung, elegante Kleidung
tennis racket	Tennisschläger
take photos	Fotos machen

Lerntipp

Auf Deutsch sagt man „ein Foto machen", auf Englisch „ein Foto nehmen": **take a photo**. Solche kleinen Unterschiede kann man sich oft nur
schwer merken. Bilden Sie eine Eselsbrücke und nutzen Sie sie solange,
bis Sie das Englische beherrschen. Hier ein Vorschlag für **take a photo**:
wenn man ein Foto macht, dann „nimmt man etwas auf" (take) und
nimmt es auch (in seinem Fotoapparat) mit nach Hause (take home).

extreme ironing	Extrembügeln (ironisch, witzig)
ironing	Bügeln
bog snorkelling	Schnorcheln im Torfmoor (ironisch, witzig)
sports clothes	Sportkleidung

D A sports person

D1

reporter	Reporter/in
football club	Fußballklub
period of success	Erfolgsphase
success	Erfolg
the late 1990s ▲	Ende der 90er
to the present day	bis zum heutigen Tag
cup title	Pokal Cup-Titel
billionaire	Milliardär/in
(it was) founded in 1905 ▲	(er wurde) 1905 gegründet
season	Saison, Spielzeit
opponent	Gegner/in

▲ Vergleichen Sie:
the 1990s ↔ die 90er
the sixties (1960s) ↔ die Sechziger (60er)

▲ Englisch mit, Deutsch
ohne Präposition:
in 1905 ↔ 1905

D2

| sports personalities | Persönlichkeiten aus der Welt des Sports |

D3

| I'm hopeless at | ich bin hoffnungslos schlecht in |

I'm interested in   ich interessiere mich für

Lerntipp

Die folgenden Adjektive mit Präpositionen sollten Sie unbedingt als feste Wortpaare lernen, denn die Unterschiede zum Deutschen sind erheblich:

I'm interested **in** ...   Ich interessiere mich **für** ...

I'm keen **on** ...   auf etwas versessen sein, etwas mit
                       Begeisterung tun

I'm good **at** ...   Ich bin gut **in** ...

D4

rest	Rest
'cause ▲	weil (Kurzform von because)
home or away	zu Hause oder auswärts, Heim- oder Auswärtsspiel
cheer the team	die Mannschaft bejubeln/anfeuern

▲ Die Kurzform **'cause** wird manchmal **cos** geschrieben, z.B. in Popsongtexten.

E A company outing

a company outing	ein Firmenausflug

E1

have fun	Spaß haben
get to know	kennenlernen
bowling	Bowling
mountain climbing	Bergsteigen

E2

minigolf	Minigolf
apparently	anscheinend
table football	Tischfußball, Tischkicker
team building	Teambuilding
join in	mitmachen
sit around	herumsitzen
we'd better start	wir sollten besser anfangen
hold onto a bar	sich an einer Stange festhalten

H Homestudy

H1

karate	Karate
boxing	Boxen
martial arts	Kampfsport

Unit 8: Be nice to other people!

| be nice to other people | sei nett zu anderen Menschen |
| what's it made of? | woraus besteht es? |

A Choosing presents

A1

miss ▲	vermissen
winner	Gewinner
Frenchman	Franzose
prize	Preis

▲ Beachten Sie die zwei Bedeutungen:
miss = vermissen
miss = verpassen

Lerntipp

Für „Preis" gibt es im Englischen zwei Wörter mit unterschiedlicher Schreibweise. Wie können Sie die beiden auseinanderhalten? Hier ein Vorschlag für eine Eselsbrücke:
pri**z**e: Man muss lange warten (bis zum Ende des Alphabets!), bis man seinen Preis erhält.
pri**c**e: Der Preis wird in „c" (cents) berechnet.

crazy	verrückt
Celts	Kelten
game designer	Spieledesigner/in, Spieleerfinder/in
computer nerd	(Umgangsprache) Computerfreak
muscular	muskulös
certificate	Urkunde

A2

Welsh	walisisch, aus Wales
choir	Chor
beauty cream	Hautcreme
jar	Glas (Gefäß z. B. für Marmelade, Senf)
schnapps ▲	Schnaps

▲ Beachten Sie: wenn das Englische ein Wort aus dem Deutschen ausleiht, wird dieses nicht unbedingt immer gleich geschrieben:
Schnaps (Deutsch) ↔ **schnapps** (Englisch)
kaputt (Deutsch) ↔ **kaput** (Englisch)

A3

plastic	Kunststoff
round	rund
it's made of glass	es ist aus Glas,

glass	Glas (Material)	▲ Vergleichen Sie:
it's made in Wales ▲	es wird in Wales hergestellt	made **of** glass made **in** Germany

you use the cream to make your hands soft	Sie verwenden/du verwendest die Creme, um Ihre/deine Hände weich zu machen
it's 15 cm long, 8 cm wide and 8 cm high	es ist 15 cm lang, 8 cm breit und 8 cm hoch
it has something in it	es ist etwas darin
it's something to eat	es ist etwas zu essen

B What does she/he look like?

what does she/he look like?	wie sieht sie/er aus?

Lerntipp

In dieser Unit geht es wieder um die Beschreibung von Menschen, aber diesmal gibt es neben den üblichen Adjektiven auch weniger schmeichelhafte Varianten. Diese könnten Sie zum Beispiel lernen, indem Sie damit insgeheim Leute aus Ihrem Bekanntenkreis beschreiben, die Sie eventuell nicht so mögen. → Phrasebank, S.126

B1

fat	dick, fett
ginger	kupferrote Haarfarbe, Rotschopf
losing his hair a bit	sein Haar wird schon ein wenig licht
overweight	übergewichtig
red-haired	rothaarig
slim	schlank
well-built	stämmig, kräftig
imagination	Vorstellungskraft, Phantasie

B2

anorak	Anorak
blouse	Bluse
boots	Stiefel
cap	Mütze, Kappe
cardigan	Strickjacke
dress	Kleid
gloves	Handschuhe
high heels	hohe Absätze
overcoat	Mantel, Überzieher
scarf	Schal, Halstuch
slippers	Pantoffeln

suit	Anzug
tie	Krawatte
top	Top, Oberteil
trainers	Sportschuhe

Lerntipp

Nehmen Sie Ihre Kleidungsstücke und verwenden Sie dafür die englischen Wörter. Am besten während Sie sich morgens anziehen. Denken Sie auch an Farben und andere Adjektive (**a beautiful, light green blouse**).

B3

we're gonna throw some steaks on the grill	Wir schmeißen ein paar Steaks auf den Grill.
gonna do	werden tun / machen (Umgangssprache für *going to*)
country music	Country, Countrymusik
why don't y'all join us?	kommt doch auch, kommen Sie doch auch
y'all	ihr (Umgangsprache im Süden der USA)

C Social conversation

social conversation	gesellige Unterhaltung, Small Talk
conversation	Unterhaltung, Konversation, Gespräch

C1

Moscow	Moskau
sales manager	Verkaufsleiter/in
is on business	ist auf Dienstreise, ist geschäftlich unterwegs
personal friend ▲	enger Freund, enge Freundin

▲ Im Deutschen unterscheidet man zwischen „Freund/Freundin" und „Bekannter/Bekannte". Im Englischen wird **friend** oft als Übersetzung für beide Begriffe gebraucht. Wenn es sich um einen „Freund" im deutschen Sinne handelt, fügt man oft ein Adjektiv hinzu. Zum Beispiel:
a personal friend
a good friend

C2

did you come far today?	kommen Sie/kommst du heute von weit her?

C3

congratulations on your new job ▲	herzlichen Glückwunsch zum neuen Job

> ▲ Achtung Präposition!
> Congratulations **on** ... ↔
> Herzlichen Glückwunsch
> **zu/zum** ...

C4

place of work	Arbeitsort, Arbeitsstelle

D Compliments and thanks

compliments and thanks	Komplimente und Dank
compliment	Kompliment

D1

pay a compliment	ein Kompliment machen
hairstyle	Frisur

D2

what a beautiful coat! ▲	was für ein schöner Mantel!
it's a lovely colour	er hat eine hübsche Farbe, das ist eine hübsche Farbe
it suits you	er/sie/es steht Ihnen/dir

> ▲ → Grammatik 1.4

D3

perfume	Parfüm
she'll be pleased	sie wird sich freuen
a box of chocolates	eine Schachtel Pralinen
a pair of socks	ein Paar Socken
car race	Autorennen
bouquet of flowers ▲	Blumenstrauß

> ▲ a bouquet **of** flowers
> (vgl. a bottle **of** wine)

D4

here to present it	hier, um es zu präsentieren
editor	Redakteur/in, Herausgeber/in
Welshman	Waliser
this year's prize goes to	der diesjährige Preis geht an

Lerntipp

Beachten Sie den Unterschied zwischen Englisch und Deutsch:

this year**'s** prize	der diesjährige Preis
today**'s** news	die heutigen Nachrichten, die Nachrichten von heute
Saturday**'s** game	das Spiel von Samstag

it's very kind of you	es ist sehr nett von Ihnen/dir
it's a great honour	es ist eine große Ehre
I'd like to thank my colleagues	ich möchte mich bei meinen Kolleginnen und Kollegen bedanken

Lerntipp

Wenn man sich bei jemandem bedankt oder jemandem ein Kompliment macht, verwendet man die in der jeweiligen Sprache üblichen Formulierungen. Notieren Sie sich einige solcher Formulierungen, und versuchen Sie, sich diese zu merken. Bewahren Sie Ihre Notizen auf und benutzen Sie sie. So können Sie auch in Zukunft entsprechende Situationen meistern.

comment (n)	Kommentar, Bemerkung

D5

comment (vb)	kommentieren
I hope you enjoyed ...	ich hoffe, Ihnen hat/dir hat ... gefallen
hope	hoffen

E The ideal partner

E1

the ideal partner	der ideale Partner, die ideale Partnerin
date	Date, Verabredung

if things aren't going well	wenn es nicht gut läuft
skate park	Skate Park

worst ▲	schlimmster/schlimmste/schlimmstes
anything to do with sport	alles, was mit Sport zu tun hat

▲ bad	worse	worst
good	better	best

manners	Manieren
emancipated	emanzipiert, gleichberechtigt
speaks with their mouth full	spricht mit vollem Mund

looks aren't everything	Aussehen ist nicht alles
inner qualities	innere Werte
go weak at the knees	weiche Knie bekommen
understanding	Verständnis
tolerance	Toleranz
intelligence	Intelligenz
honesty	Ehrlichkeit
faithfulness	Treue
good-looking	gutaussehend

E2

hard-working	fleißig
clever	klug
good cook	guter Koch, gute Köchin

H Homestudy

H8

bill	Rechnung

Unit 9: Romantic love stories

when do you send greeting cards?	wann schicken Sie Grußkarten?
greeting card	Grußkarte

A A romantic day

A1

Mother's Day	Muttertag
to welcome the new baby	das Baby / Neugeborene willkommen heißen
welcome	willkommen
Easter	Ostern
show their love for each other	zeigen, dass sie sich lieben

single people	Alleinstehende, Singles

without signing them	ohne sie zu unterschreiben

A2

one billion greeting cards are sent	eine Milliarde Grußkarten werden verschickt
billion ▲	Milliarde

▲ Vorsicht! Wenn Sie eine **billion** Dollar gewinnen, ist es nicht so viel, wie Sie vielleicht glauben ☺.

15% of women send themselves flowers	15% der Frauen schicken sich selbst Blumen
pet owners give presents to their pets	Tierbesitzer beschenken ihre Haustiere
heart-shaped boxes of chocolates	herzförmige Pralinenschachteln

A3

breakfast in bed	Frühstück im Bett
diamond ring	Diamantring
diamond	Diamant
rhyme	Reim

B A romantic meeting

B1

soft music	leise/gedämpfte Musik
soft ▲	hier: leise

> ▲ Beachten Sie:
> **soft music** ↔ leise Musik
> **soft drinks** ↔ alkoholfreie Getränke
> **soft bed** ↔ weiches Bett

B2

carried out a survey	führte eine Untersuchung/Umfrage durch
carry out	durchführen
eNewspaper poll	Umfrage einer elektronischen Zeitung
join a health club	Mitglied in einem Fitnessstudio werden
health club	Fitnesscenter, Fitnessstudio
wine tasting	Weinprobe
get a new job	einen neuen Job antreten
get ▲	bekommen

> ▲ Remember:
> **get a job** ↔ eine Stelle bekommen
> **get inside** ↔ hineingehen
> **get on the bus** ↔ in den Bus einsteigen

take a class	einen Kurs belegen

we started talking	wir kamen ins Gespräch
believe	glauben

I was in pain	ich hatte Schmerzen
tooth	Zahn
waiting room	Wartezimmer
suddenly	plötzlich
she felt sorry for me	sie hatte Mitleid mit mir, ich tat ihr leid
feel sorry for someone ▲	mit jemandem Mitleid haben, jemandem leid tun

> ▲ Achtung Präposition!
> sorry **for** someone ↔ **mit** jemandem Mitleid haben

I remember the day as if it was this morning	ich erinnere mich, als ob es heute morgen wäre
as if	als ob
hit my foot	meinen Fuß stoßen
hit	schlagen, stoßen
in general	im Allgemeinen
he kept talking to me	er sprach immer weiter mit mir
keep doing something	etwas weiter tun, etwas immer wieder tun

B3

somebody stole my purse	jemand hat mein Portemonnaie gestohlen
steal	stehlen
purse (UK)	Portemonnaie, Geldbeutel
my mobile rang	mein Handy klingelte
ring	klingeln

C What were you doing yesterday at 8 o'clock?

C1

baby girl left on church steps 32 years ago	Säugling (Mädchen) vor 32 Jahren vor Kirche ausgesetzt
shock	Schock, Schreck
discover	entdecken, herausfinden
Tara was adopted by a couple	Tara wurde von einem Paar adoptiert
adopt	adoptieren
disappointed	enttäuscht
how she came to be part of their family	wie es dazu kam, dass sie Teil ihrer Familie wurde
come to be	dazu kommen
I promised myself that I would find my mother	ich habe mir geschworen, meine Mutter zu finden
promise oneself sth	sich etwas schwören, sich etwas versprechen
several ▲	mehrere

> ▲ **Several** wie **a number of** (Unit 7) bezeichnet eine Menge, die etwas größer als **some** ist.

adoption agency	Adoptionsvermittlung, Adoptionsagentur
family tree	Stammbaum

biological mother	biologische Mutter
mother-in-law	Schwiegermutter
father-in-law ▲	Schwiegervater
give up	aufgeben
keep looking	weiter suchen

▲ Beachten Sie auch:
sister-in-law   brother-in-law

C2

have breakfast	frühstücken
voice	Stimme
my heart stopped beating	mein Herz blieb stehen

C3

unusual	ungewöhnlich

D Lets gt 2gtha

lets gt 2gtha	wir sollten uns treffen (bei SMS kurz für: let's get together)

D1

many teenagers prefer sending text messages to talking	viele Jugendliche senden lieber eine SMS als miteinander zu sprechen
driver	Fahrer/in
most popular form of communication	die beliebteste Kommunikationsform
texting	eine SMS schicken, schreiben
warn	warnen
dangers of texting and driving	Gefahren, wenn man während des Autofahren eine SMS schreibt
ban	verbieten
treat	behandeln
parking meter	Parkuhr
car crash	Zusammenstoß (von Fahrzeugen)
cross the road ▲	über die Straße gehen

▲ Ein Wort im Englischen, Verb mit Präposition im Deutschen:
cross ↔ über ... gehen, überqueren

traffic lights	Ampel
she was busy texting	sie war mit dem Schreiben einer SMS beschäftigt

D2

back to work	zurück an die Arbeit

E Are you romantic or realistic?

E1

teddy bear	Teddybär
bike ride	Fahrradtour
candlelight dinner	Abendessen bei Kerzenschein, Candle-Light-Dinner
gift voucher	Geschenkgutschein
spring roll	Frühlingsrolle
oyster	Auster

E2

common sense	gesunder Menschenverstand
fairy tale	Märchen
your feet are firmly on the ground	sie stehen/du stehst mit beiden Beinen fest auf dem Boden
well-balanced	ausgeglichen
you sometimes have your head in the clouds	manchmal sind Sie/ bist du geistesabwesend
daydreaming	am helllichten Tag träumen

H Homestudy

H1

proud	stolz

H2

drop	fallenlassen

H3

panic	in Panik ausbrechen

Consolidation 3

C1

luxury weekend	Luxuswochenende

Unit 10: I have a dream

what do you dream about?	wovon träumen Sie?
was this course a success for you?	war dieser Kurs ein Erfolg für Sie?
what are your hopes for the future?	was erhoffen Sie sich von der Zukunft?

A Do you dream?

do you dream?	träumen Sie? träumst du?
dream	träumen

A1

remember	sich erinnern an
nightmare	Alptraum
frightening	angsteinflößend, erschreckend

Lerntipp

Frightening ist Teil der Wortfamilie **fright**. Vergleichen Sie:
I had a dream. It was frighten**ing**.
I had a dream. I was frighten**ed**.
Beachten Sie auch die folgenden Beispiele:
I'm interest**ed** in sport.
Sport is interest**ing**.
Können Sie Beispielsätze für die folgenden Wortpaare bilden:
boring/bored, exciting/excited?

scientist	Wissenschaftler/in
something that continues to worry you	etwas, was Sie/dich andauernd beunruhigt; etwas, worüber Sie sich/ du dir immerzu Sorgen machst
continue to do	immerzu/fortwährend tun
something	etwas
everything	alles

B What do dreams mean?

B1

real-life friend	wirklicher Freund, wirkliche Freundin
real-life	wirklich, wahr; tatsächlich

lose your teeth	Ihre/deine Zähne verlieren
tooth (pl. teeth) ▲	Zahn

> ▲ **Teeth** ist eine der seltenen unregelmäßigen Mehrzahlformen im Englischen.
> → Grammatik 3.2.2

lose	verlieren
you feel powerful ▲	Sie fühlen sich/du fühlst dich mächtig

> ▲ Vergleichen Sie:
> **You feel powerful.   You look good.   It sounds easy.**

powerful	stark, mächtig
you're running from something	Sie laufen/du läufst vor etwas davon
you're ashamed	Sie schämen sich, du schämst dich

long way away	weit weg, weit entfernt
catch	fangen
shout	rufen
I woke up	ich wachte auf
wake up	aufwachen

Lerntipp

Englisch und Deutsch haben auch Ähnlichkeiten, die man sich leicht merken kann. Das Wort **up** zum Beispiel wird oft wie „auf" mit Verben gebraucht:

wake up	↔	aufwachen
get up	↔	aufstehen
give up	↔	aufgeben
clear up	↔	aufräumen

strange	seltsam, merkwürdig
discussion	Diskussion
lamb stew	Lammeintopf

what are you running away from?	wovor laufen Sie/läufst du davon?
run away	davonlaufen

C I have a dream

C1

speech	Rede
equality	Gleichheit, Gleichberechtigung
peace	Frieden

C2

content of their character	hier: die Qualität ihres Charakter

C3

live out	ausleben
creed	Kredo, Glaubensgrundsatz
nation	Nation
rise up	sich erheben
slave	Sklave, Sklavin
slave owner	Sklavenhalter/in

C4

African American	Amerikaner/in mit afrikanischer Abstammung, Afro-Amerikaner/in
Afro-Caribbean ▲	Afrokaribe/in, afrokaribisch

▲ **Afro-Caribbean** ist die offizielle britische Bezeichnung für Briten mit karibischer Abstammung. Früher hießen sie **West Indians**, eine Bezeichnung, die man noch häufig hört. Die karibischen Inseln haben zum Beispiel eine gemeinsame Kricketmannschaft mit diesem Namen.

C5

hope	Hoffnung
wish	Wunsch

D Was it a dream course?

was it a dream course?	war es ein Traumkurs?

D1

completely	ganz, völlig
in part	teilweise

D2

precise	genau, präzise
try to explain why something was a highlight	versuchen Sie/versuche zu erklären, warum etwas ein Highlight war

D3

this text gives you an idea about ...	dieser Text gibt Ihnen/dir einen Eindruck davon ...
the next bit	der nächste Teil
guess what people are going to say	raten, was die Leute sagen werden
I must be brave	ich muss tapfer sein
brave	tapfer
reader	hier: Lektüre/Leseheft

D4

blog	Blog
what actions are you going to take?	welche Maßnahmen werden Sie/ wirst du ergreifen?

E Time capsule

time capsule	Zeitkapsel

E1

capsule	Kapsel
metal	Metall
contain	enthalten
the best things from the Fair	die besten Dinge von der Messe
the capsule should be opened after 5,000 years	die Kapsel sollte nach 5.000 Jahren geöffnet werden
wood	Holz
everyday objects	alltägliche Gegenstände
New York World's Fair	die Weltausstellung in New York
it's buried	es ist vergraben
as well as	sowie

E2

what's your object used for?	wofür wird Ihr/dein Gegenstand verwendet?

H Homestudy

H4

lotto	Lotto

Grammar *Grammatik*

Contents *Inhalt*

Grammar

1. English sentences *Englische Satzarten*

1.1 Word order *Satzbau*

Im Englischen steht das Subjekt in einem bejahten Aussagesatz immer vor dem Verb.

Sehen Sie sich den folgenden Satz an:
The man drinks the wine.
Auf Englisch gibt es nur diese eine Möglichkeit, den Satz sinnvoll zu schreiben. Auf Deutsch hat man dafür zwei Möglichkeiten:
Der Mann trinkt den Wein.
Den Wein trinkt der Mann.

Vergleichen Sie auch:
In the morning I drink coffee.
Morgens trinke ich Kaffee.

I haven't got a pet because I don't like animals. (➜ 3.15.4)
Ich habe kein Haustier, weil ich Tiere nicht mag.

If the weather is nice tomorrow, we'll go for a walk. (➜ 1.6)
Wenn das Wetter morgen schön ist, gehen wir spazieren.

I think that the weather will be nice. (➜ 1.8)
Ich denke, dass das Wetter schön wird.

1.2 Questions and negative sentences *Fragen und verneinte Sätze*

Wie im Deutschen:

You're (a good listener.) Sie sind …	Are you …? Sind Sie …?	You aren't … Sie sind nicht …
You can (use a computer.) Sie können …	Can you …? Können Sie …?	You can't / cannot … Sie können nicht …
You've got (a pet.) Sie haben …	Have you got …? Haben Sie …?	You haven't got … Sie haben nicht …

Anders als im Deutschen:

She drinks tea.	**Does** she drink tea?	She **doesn't** / **does not** drink tea.
Sie trinkt Tee.	Trinkt sie Tee?	Sie trinkt keinen Tee.
He play**ed** golf.	**Did** he play golf?	He **didn't** / **did not** play golf.
Er hat Golf gespielt.	Hat er Golf gespielt?	Er hat nicht Golf gespielt.

1.3 Short answers *Kurzantworten*

Typisch für das Englische sind Kurzantworten, die man zusammen mit den Wörtern **yes** und **no** benutzt, z. B.:

Are you German?	Yes, I am. / No, I'm not.
Do you speak English?	Yes, I do.

Beachten Sie, dass die Kurzantworten wie ein Echo der Frage klingen. Hier sind einige Beispiele:

Are you ...?	Yes, I am.	No, I'm not.
Is she (coming)?	Yes, she is.	No, she isn't.
Is there ...?	Yes, there is.	No, there isn't.
Was he ...?	Yes, he was.	No, he wasn't.
Can you ...?	Yes, I can.	No, I can't.
Do you (speak) ...?	Yes, I do.	No, I don't.
Do you (have) ...?	Yes, I do.	No, I don't.
Have they (seen) ...?	Yes, they have.	No, they haven't.
Did you (play) ...?	Yes, I did.	No, I didn't.
Did he (play) ...?	Yes, he did.	No, he didn't.

1.4 Exclamations *Ausrufesätze*

What a great present!
How kind of you!

Wenn man Überraschung, Erstaunen, Erschrecken usw. ausdrücken möchte, stehen die folgenden zwei Satzformen zur Verfügung:

What a (+ Adjektiv) + Nomen!	Was für ein(e) ...!
How + Adjektiv!	Wie ...!

Beachten Sie auch:
How nice of you to come!   Wie nett (von Ihnen), dass Sie
                          gekommen sind!

1.5 Direct and indirect objects *Direkte und indirekte Objekte*

I visited my family last weekend.
The teacher helps the class.
He should give his father a bottle of whisky.   *Unit 8, A2b*
He should give a bottle of whisky to his father.   *Unit 8, A2b*

Im Englischen werden, im Gegensatz zum Deutschen, die Fälle (Nominativ, Dativ und Akkusativ) formal nicht unterschieden. Adjektive und Nomen ändern in der Deklination ihre Form nicht.
Die Reihenfolge der Wörter ist also sehr wichtig. (→ 1.1) Das Objekt im Satz steht normalerweise direkt nach dem Verb, z.B.:
I visited my family.

Wenn ein Verb zwei Objekte hat, gibt es im Englischen zwei Möglichkeiten:
a) Stellen Sie das **indirect objekt** vor das **direct object** (ähnlich wie im Deutschen):

He gives **his father a bottle of whisky**.
Er gibt seinem Vater eine Flasche Whisky.

b) Stellen Sie das **direct object** hinter das Verb und verwenden Sie die Präposition **to** für das **indirect objekt**:

He gives **a bottle of whisky to his father**.

1.6 Sentences with "if" *Bedingungssätze*

Talk to your doctor **if** you don't feel better soon.
If you have a problem, you can call me on my mobile. *Unit 4, C2a*
If Person B asks another question, the conversation *Unit 8, C3c*
will easily continue.
If the man gives her a bottle of perfume, she'll be pleased. *Unit 8, D3*
The woman won't be pleased **if** she doesn't like the perfume. *Unit 8, D3*

If-Sätze wie das erste Beispiel oben haben wir bereits in **NEXT A2/1** (Unit 9) gesehen: „Gehen Sie zum Arzt, wenn Sie sich nicht bald besser fühlen." Beachten Sie auch, dass sich die Reihenfolge der Wörter im Satz im Englischen und Deutschen unterscheidet.

In diesem Band haben wir nun **if**-Sätze, die eine Vorhersage an eine Bedingung knüpfen (siehe die weiteren Beispiele unten). **Will** (→ 2.9.3) wird hier im Satzteil benutzt, der die Vorhersage macht. Die Bedingung im **if**-Teil bleibt im **present simple**.

If the weather is nice tomorrow, we'**ll go** for a walk.
I'**ll call** you **if** I need help.

Beachten Sie, dass im Gegensatz zum Deutschen das Komma nicht immer gesetzt werden muss. Üblicherweise wird ein Komma gesetzt, wenn ein Satz mit dem **if**-Teil beginnt. Steht der **if**-Teil am Schluss, ist kein Komma nötig.

Achten Sie auch auf den Unterschied zwischen **if** und **when**. **When** bezieht sich auf die Zeit. Vergleichen Sie:

1.7 Reporting and indirect speech *Berichten und indirekte Rede*

It's your mother on the phone: she says she's coming to visit!
My boss told me to finish this work today.
He said (that) he was tired. *Unit 9, D3a*
He told me (that) he was tired. *Unit 9, D3a*

Es gibt verschiedene Möglichkeiten, eine Aussage oder Mitteilung weiter-zugeben:

a) In der gesprochenen Sprache kann man etwas Gesagtes direkt wieder-geben:

The teacher said: "You can do it!"

b) Es gibt viele Verben, mit denen man über etwas Gesagtes berichten kann:

"Go home!"	My boss **told me to** go home.
"Can you open the window, please?"	She **asked me to** open the window.
"This is how you do it."	She **explained to me** how to do it.
"You should go to Spain."	She **recommended me to** go to Spain.

c) Und man kann die indirekte Rede benutzen:

"I'm tired," said Jenny.	Jenny said she was tired.
"I want to go home," said Jenny to Elaine.	Jenny told Elaine that she wanted to go home.

Beachten Sie Folgendes:

a) den Unterschied zwischen **say** und **tell**:
  – say something
  – tell **a person** something (**tell** braucht ein indirektes Objekt!)

b) die Änderung der Zeitform: Die Zeit wird üblicherweise „zurück-gestuft", zum Beispiel:
I **am** hungry.	She said she **was** hungry.
I **work** for Siemens.	She said that she **worked** for Siemens.

Die Änderung der Zeitform ist aber auch oft nicht nötig, zum Beispiel:
John **has** a sister.	She said John **has** a sister.
	(wenn sie noch „da" ist.)

Man kann das Berichtete durch **that** einleiten, muss aber nicht:
She said **that** she was tired.   ▲ Kein Komma!
She said she was tired.

1.8 Opinions, hopes, etc. *Meinungen, Hoffnungen etc.*

I think (that) you're right.
I think (that) Manchester United will win again   *Unit 10, C5a*
  next year.
I hope (that) I'll have some grandchildren soon.   *Unit 10, C5a*
Jane hopes (that) it'll be a nice day tomorrow.

Meinungen, Hoffnungen usw. mit Blick auf die Zukunft werden mit **will**
(→ 2.9.3) oder **going to** (→ 2.9.2) ausgedrückt, zum Beispiel:
I think Werder Bremen **will** win.
I think Werder Bremen**'s going to** win.

Satzteile, die Meinungen, Hoffnungen etc. ausdrücken, können mit oder
ohne **that** eingeleitet werden. Die Wortfolge im Satz bleibt unverändert:
  You're right.
  I think (that) you're right.

2. Verbs *Verben*

2.1 Be
2.1.1 Present simple

Are you German?	*Unit 1, B3c*
Is she nice?	*Unit 1, C4b*
What colour **is** her hair?	*Unit 1, C4b*
Where **are** you from?	*Unit 1, B3c*

Aussagesatz

I	'm / am
he/she/it	's / is
we/you/they	're / are

 Die Wörter **they're, there** und **their** werden gleich ausgesprochen. *Vorsicht:* Missverständnisse sind möglich!

Fragesatz

am I?
are you?
is she?
etc.

Verneinter Aussagesatz

I'm not / I am not
you aren't / 're not / are not
she isn't / 's not / is not
etc.

Bejahte Kurzantworten

Yes,	I am.
	you are.
	she is.
	etc.

Verneinte Kurzantworten

No,	I'm not.
	you aren't. / 're not.
	she isn't it. / 's not.
	etc.

2.1.2 Past simple

Yesterday **was** a beautiful day. It **was** hot and sunny.
What **was** the weather like? **Was** it sunny? – No, it **wasn't**.

Bejahter Aussagesatz

I	was
he / she / it	was
we / you / they	were

Fragesatz	**Verneinter Aussagesatz**

was	I?
was	he / she / it?
were	we / you / they?

I wasn't / I was not
he / she / it wasn't / was not
we / you / they weren't / were not

Bejahte Kurzantworten

Yes,	I was.
	he / she / it was.
	we / you / they were.

Verneinte Kurzantworten

No,	I wasn't.
	he / she / it wasn't.
	we / you / they weren't.

2.1.3 There is / There are

Is there an Internet café near you? – Yes, **there is.**
There was a big picnic for me on my birthday.
There were presents.

There is / there are entspricht etwa den Ausdrücken „es gibt" oder „es ist / es sind".

There is wird mit einem Nomen in der Einzahl gebraucht:
There**'s a lamp** on the table.
Und auf **there are** folgt ein Nomen in der Mehrzahl:
There **are two lamps** on the table.

In der gesprochenen Sprache (Umgangssprache) benutzt man jedoch sehr oft nur **there's**, und zwar mit der Mehrzahl wie auch mit der Einzahl des Nomens:
There**'s hundreds** of people in there.

Bejahter Aussagesatz

There's (a park in the town)
There are (a lot of shops)

Fragesatz

Is there (a museum)?
Are there (many restaurants)?

Verneinter Aussagesatz

There isn't (much noise)
There aren't (many shops)

Bejahte Kurzantworten

Yes,	there is.
	there are.

Verneinte Kurzantworten

No,	there isn't. / 's not.
	there aren't. / 're not.

Beachten Sie auch andere Zeitformen, z. B.:
There was a picnic for me on my birthday.
There were lots of presents for me.

2.2 Have
2.2.1 Present simple

I always **have** tea for breakfast.
What **do** you **have** for breakfast?
Sabine always **has** toast and marmalade.
They **don't have** time to meet us.

(→ 2.3)

Bejahter Aussagesatz

I	have
he / she / it	has
we / you / they	have

Fragesatz

do	I	have …?
does	he/she/it	have …?
do	you/we/they	have …?

Verneinter Aussagesatz

I	don't / do not have …
he/she/it	doesn't / does not have …
you/we/they	don't / do not have …

Bejahte Kurzantworten

Yes,	I do.
	she does.
	you do.
	etc.

Verneinte Kurzantworten

No,	I don't.
	she doesn't.
	you don't.
	etc.

Fragen und Antworten

▲ Achtung bei der Frageform und der Kurzantwort auf Englisch:
Do you have a car? **Haben** Sie ein Auto?
Yes, I **do.** Ja, **habe** ich.

2.2.2 Have got

Have you **got** a pet? – Yes, I **have.** I**'ve got** a dog.
Frank **hasn't got** a pet.

Have got bzw. **has got** ist eine andere Art, **have** bzw. **has** zu sagen.
Diese Form wird in Großbritannien häufig, in den USA eher seltener
gebraucht.

Bejahter Aussagesatz

I	've got / have got
he / she / it	's got / has got
you / we / they	've got / have got

Fragesatz

have	I	got ...?
has	he / she / it	got ...?
have	you / we / they	got ...?

Verneinter Aussagesatz

I	haven't / have not got ...
he / she / it	hasn't / has not got ...
you / we / they	haven't / have not got ...

Bejahte Kurzantworten

Yes,	I have. she has. you have. etc.

Verneinte Kurzantworten

No,	I haven't. she hasn't. you haven't. etc.

2.2.3 Past simple

I **had** a holiday in New Zealand last year.
Did you have a nice time?

(→ 2.5)

Bejahter Aussagesatz

I	had
you	had
etc.	

Fragesatz

did	you	have …?
did	she	have …?
did	they	have …?
etc.		

Verneinter Aussagesatz

I	didn't / did not	have …
she	didn't / did not	have …
they	didn't / did not	have …
etc.		

Bejahte Kurzantworten

	I did.
	she did.
Yes,	we did.
	they did.
	etc.

Verneinte Kurzantworten

	I didn't.
	she didn't.
No,	we didn't
	they didn't
	etc.

▲ Achtung bei der Frageform und der Kurzantwort auf Englisch:
Did you **have** a good holiday?   **Haben** Sie schöne Ferien **gehabt**?
Yes, I **did**.   Ja, **habe** ich.

▲ Achtung: Es gibt kein **past simple** von **have got**:
I **had** a dog when I was a child, but my daughter **has got** a cat.

2.3 Present simple

Do you **live** here? Where **do** you **live**?   *Unit 1, B3c*
I **live** in Zurich. I **like** it.
I'm from Vienna, but I **don't like** it.
Louise usually **works** indoors.
Do you work indoors? – Yes, I **do.**
Jürgen **doesn't work** with a computer.
Does he **like** football?   *Unit 1, C4b*

Gebrauch des **present simple:**
a) um **regelmäßige Handlungen** auszudrücken, zum Beispiel, wenn
   man seinen Tagesablauf oder seine Arbeit beschreibt (I usually work
   indoors),
b) im Zusammenhang mit **Zeitplänen**, zum Beispiel, wenn man über
   Reiseinformationen spricht (The next train leaves at 15:20),
c) um **Vorlieben, Meinungen** usw. auszudrücken (I like skiing holidays).

Um regelmäßige Handlungen zu beschreiben, findet man das **present
simple** oft zusammen mit Ausdrücken, die Häufigkeit anzeigen, wie z.B.:

Louise **sometimes** goes to meetings.
Jürgen **usually** works indoors.
I take these pills **three times a day.**

(→ 5.2)

Bejahter Aussagesatz

I	work ...
you	come ...
we	watch ...
they	go ...

he	works ...
she	comes ...
it	watches ...
	goes ...

Rechtschreibung
a) Nach **he, she, it** wird ein **-s** ans Verb angehängt bzw. ein **-es**, wenn
   das Verb auf **s, sh, ch** und **o** endet, z.B. watch**es**, go**es**.
b) Bei Verben, die mit einem Konsonanten + **-y** enden (z. B. ma**rry**), wird
   das **-y** durch ein **-i** ersetzt, z. B.: marr**ies**. Beachten Sie aber: pla**ys** (Vokal + **-y**).

Aussprache
a) Die Endung **-s** bei Verben, die auf einen der Buchstaben **p, k, t** oder **f**
   enden, wird wie „ss" in Wa**ss**er /s/ ausgesprochen.
   Ansonsten wird das **-s** wie „s" in **S**ee /z/ ausgesprochen.

b) Bei Verben, die auf den Laut /s/ (z.B. dan**ce**) enden, wird das **-es** wie eine zusätzliche Silbe /ɪz/ ausgesprochen. Dies gilt auch für Verben, die auf **-sh** oder **-ch** enden.

Vergleichen Sie die Rechtschreib- und Ausspracheregeln für die **past simple**-Form (→ 2.5.1) und die **Mehrzahlformen** (→ 3.2.1).

Verneinter Aussagesatz

I		work …			work …
you	do not	come …	he	does not	come …
we	don't	watch …	she	doesn't	watch …
they		go …	it		go …

Das Verb (3. Spalte) bleibt hier immer gleich. Die Verb-Endung **-s** bzw. **-es** nach **he**, **she**, **it** wird statt an das Verb an das Wörtchen **do** angehängt: **does**.

▲ Achtung Aussprache: **do** /duː/ und **does** /dʌz/

Fragesatz

	I	work …?		he	work …?
do	you	come …?	Does	she	come …?
	we	watch …?		it	watch …?
	they	go …?			go …?

Das Verb (3. Spalte) bleibt auch hier immer gleich. Es gibt nur den Wechsel zwischen **do** und **does**.

Bejahte Kurzantworten

	I	
	you	do.
	we	
	they	
Yes,		
	he	
	she	does.
	it	

Verneinte Kurzantworten

	I	
	you	don't.
	we	
	they	
No,		
	he	
	she	doesn't.
	it	

2.4 Present continuous

What **are we doing** tomorrow?
– At 5:30, **we're meeting** the office team.
I'm learning English because I want to talk to my   *Unit 1, D2a*
cousins in Australia.

Das **present continuous** wird folgendermaßen gebraucht:

a) um über **Verabredungen in der Zukunft** zu sprechen.

We're meeting the office team at 5:30 tomorrow.

In diesem Beispiel bedeutet der Satz etwa: „Wir haben mit dem Team für
morgen um 17:30 ein Treffen abgemacht." bzw. „Wir treffen das Team
morgen um 17:30."

b) um zu beschreiben, was **momentan oder aktuell vorgeht**.

What's she doing? – She's sleeping.

Diesen Satz könnte man durch „Sie ist am Schlafen" bzw. „Sie schläft
gerade" übersetzen.

Vergleichen Sie:
What are you doing?   Was machen Sie im Moment?
Dies ist eine Frage, die man zum Beispiel am Telefon stellt.

What do you do?   Was machen Sie beruflich?
Das **present simple** bezieht sich nicht auf den Augenblick, sondern auf
den Alltag oder das Allgemeine. Die Frage bedeutet also eher: Was
machen Sie jeden Tag? bzw. Wie verbringen Sie Ihre Tage? Was machen
Sie beruflich?

Form

Das **present continuous** besteht aus dem Verb **be** (→ 2.1) und dem Hauptverb + **-ing**. Fragen und verneinte Sätze sind also einfach zu bilden.

Aussagesatz

I	'm/am	visiting friends in Italy.
he / she / it	's/is	visiting friends in Italy.
we / you / they	're/are	visiting friends in Italy.

Fragesatz

am	I		visiting?
is	he / she / it		visiting?
are	you / we / they	visiting?

Verneinter Aussagesatz

I	'm not / am not visiting
he / she / it	isn't / 's not / is not visiting
you / we / they	aren't / 're not / are not visiting

Bejahte Kurzantworten

Yes,	I am.
	you are.
	she is.
	etc.

Verneinte Kurzantworten

No,	I'm not.
	you aren't.
	she isn't.
	etc.

Rechtschreibung

a) Das Schluss **-e** wird beim Anhängen von **-ing** weggelassen:
come com**ing**   have hav**ing**   take tak**ing**

b) Beachten Sie auch Verben wie **stop** (ein Vokal und ein Konsonant am Schluss):
sto**p** sto**pp**ing   swi**m** swi**mm**ing

Vergleichen Sie Verben wie **sleep** (zwei Vokale und ein Konsonant am Schluss):
sleep sleeping   look looking

(→ 2.5.1)

2.5 Past simple
2.5.1 Regular verbs *Regelmäßige Verben*

When **did you go** to Australia? – I **went** there in 2006.   *Unit 2, A2b*
When **did you work** as a volunteer? – Last year.   *Unit 4, B2b*
What school **did he teach** in? – He **taught** in the   *Unit 5, A3*
secondary school.
I was running to the bus stop when I **hit** my foot.   *Unit 9, B2c*
I **had** a car accident while I was texting my daughter.   *Unit 9, D1b*
I was walking with my boyfriend. Then I **saw** a group   *Unit 10, B1c*
of men.
I was sitting there when I suddenly **noticed** that   *Unit 10, B1c*
I wasn't wearing any trousers.

Das **past simple** wird gebraucht, um über abgeschlossene Handlungen
in der Vergangenheit zu sprechen. Typischerweise begegnet man dem
past simple mit Zeitangaben, z.B.:

What did you do **last weekend**?

Ten years ago, a lot of women didn't tell their partners about
their shopping.

I visited Germany **in 1998**.

Did you play football **yesterday**?

(➜ 2.6 und 2.7)

Bejahter Aussagesatz

I	worked ...
you	played ...
he	wanted ...
she	danced ...

it	stopped ...
we	studied ...
they	lived ...

Für alle Personen (**I**, **you** usw.) wird ein **-ed** bzw. ein **-d** angehängt, um
das **past simple** zu bilden. Diese Regel gilt aber nur für die regelmäßigen
Verben. Siehe 2.5.2 für die unregelmäßigen Verben und 2.2.3 für das
past simple von **have**.

Aussprache
Die Endung **-ed** wird auf drei verschiedene Arten ausgesprochen, und
zwar je nach dem vorangehenden Laut:
a) als /t/ nach **f**, **k**, **s**, **ce**, **ch**, **sh** oder **x** (z. B. worked, danced)
b) als /ɪd/ nach **d** oder **t** (z.B. wanted, started)
c) als /d/ in allen anderen Fällen (z. B. played, lived)

Rechtschreibung

a) Wenn das Verb mit einem Konsonanten + -y endet (z. B. marry), wird das -y durch ein -i ersetzt, z. B.: married. (→ 2.3 und 3.2.1)

b) Wenn das Verb mit einem einzelnen Konsonanten endet (z. B. p), dem ein einzelner Vokal (z. B. o) vorausgeht, wird der letzte Konsonant (hier also das p) verdoppelt: stop – stopped.
   Aber beachten Sie: start – started (zwei Konsonanten!), look – looked (zwei Vokale!). (→ 2.4)

c) Wenn das Verb schon auf -e endet, wird nur noch -d angehängt (z. B. live – lived).

Verneinter Aussagesatz

I you he etc.	didn't / did not	work ... play ... finish ... etc.

In allen Personen wird für die Verneinung **did + not + Infinitiv / Grundform** verwendet:
worked → did not work~~ed~~

Hier gibt es keinen Unterschied zwischen den regelmäßigen und den unregelmäßigen Verben (→ 2.5.2).

Fragesatz

Did	I you he etc.	work ...? play ...? finish ...? etc.

In allen Personen wird für die Frage **did + Grundform** verwendet:
she **worked** → **did** she **work~~ed~~**?

Die unregelmäßigen Verben funktionieren hier genau wie die regelmäßigen (→ 2.5.2).

Bejahte Kurzantworten

Yes,	I you he etc.	did.

Verneinte Kurzantworten

No,	I you he etc.	didn't.

2.5.2 Irregular verbs *Unregelmäßige Verben*

When **did** you **go** to university? – I **went** in 1998. *Unit 4, B3*
What school **did** he **teach** in? – He **taught** in the *Unit 5, A3*
secondary school.

Bejahter Aussagesatz
Sie müssen leider die unregelmäßigen Verben im **past simple** auswendig lernen. Manchmal werden Sie beobachten, dass es gewisse Ähnlichkeiten zwischen Deutsch und Englisch gibt, z. B. bei **come** – **came** (kommen – kam). Beachten Sie aber, dass es im Englischen auch bei den unregelmäßigen Verben immer nur *eine* Form für *alle* Personen gibt. Sie finden auf Seite 148 eine Liste der unregelmäßigen Verben, die bisher in **NEXT** vorgekommen sind.

Verneinter Aussagesatz und Fragesatz
Die Verneinung wird genau wie bei den regelmäßigen Verben gebildet.

She **came** ...	She didn't **come** ...	(When) did she **come?**
They **went** ...	They didn't **go** ...	(When) did they **go?**
He **drank** ...	He didn't **drink** ...	(What) did he **drink?**

(→ 2.5.1)

Kurzantworten
Die Kurzantworten werden wie bei den regelmäßigen Verben gebildet.
(→ 2.5.1)

2.6 Past continuous

I **was running** to the bus stop when *Unit 9, B2c*
I hit my foot.
They **were** all **waiting** to see the dentist. *Unit 9, B2c*
I had a car accident while I **was texting** *Unit 9, D1b*
my daughter.
I **was walking** with my boyfriend. Then *Unit 10, B1c*
I saw a group of men.
I **was sitting** there when I suddenly noticed *Unit 10, B1c*
that I **wasn't wearing** any trousers.

Das **past continuous** wird folgendermaßen gebraucht:

a) um eine Handlung zu beschreiben, die von einer anderen Handlung unterbrochen wird.

I was running to the bus stop when I hit my foot.
Das Laufen wird vom Unfall unterbrochen.
She was reading a book when suddenly she stood up.
Das Lesen wird durch das Aufstehen unterbrochen.

b) um beim Erzählen einer Geschichte den Hintergrund zu beschreiben.

It was a beautiful day. The sun was shining. I was walking in the park.
Then I saw my friend.

Die ersten drei Sätze geben Ihnen
ein Bild von der Situation,
und der vierte Satz drückt aus,
was dann passierte.

▲ Beachten Sie: Im Deutschen
kennen wir diese Zeitform nicht.

Oft begegnet man dem **past continuous** im Zusammenhang mit **while**,
das eine Zeitspanne ausdrückt:
While I was eating my dinner the phone rang.

Häufig aber auch in der folgenden Kombination:
I was eating my dinner **when** the phone **rang**.

Vergleichen Sie die folgenden Situationen:

When I went into the room
they sang "Happy Birthday".

When I went into the room they
were singing "Happy Birthday".

Form
Das **past continuous** besteht aus dem Verb **be** in der Vergangenheits-
form (➜ 2.1.2) und dem Hauptverb + **ing**.

I was eating my dinner.	I wasn't sleeping.
Were you eating your dinner?	Yes, I was. / No, I wasn't.

Aussagesätze, Fragesätze und Verneinungen werden analog zum **present continuous** gebildet (→ 2.4).

Zur Rechtschreibung bei der Bildung der **ing**-Form siehe das **present continuous** (→ 2.4).

2.7 Present perfect *gegenwärtig vollkommen*

I'**ve** never **been** to New Zealand.	*Unit 2, A1b*
Have you ever **been** to Kenya?	*Unit 2, A1b*
What other places **have** you **been** to?	*Unit 2, A1b*
– We'**ve been** to Paris.	
Have you ever **been** to Australia? – Yes, I have.	*Unit 2, A2b*
Have you ever **had** any experience as a volunteer?	*Unit 4, B2b*
How long **have** you **worked** for the company?	*Unit 8, C1b*

Das **present perfect** wird folgendermaßen gebraucht:

a) um etwas zu beschreiben, das irgendwann in der Vergangenheit stattgefunden hat, von dem man aber den Zeitpunkt entweder nicht weiß oder nicht wichtig nimmt.

Typischerweise wird das **present perfect** in diesem Sinn mit Zeitausdrücken wie **ever** und **never** gebraucht.
I'**ve** never **been** to New Zealand. (= I've never visited New Zealand.)
Have you **ever seen** the movie "Star Wars"?
He'**s never learnt** to drive.

Beachten Sie: Die Antwort auf eine Frage, die so mit dem **present perfect** gebildet wird, kann nur ja/nein lauten. Vergleichen Sie die Frage mit dem **present perfect** und die Frage mit dem **past simple** *(Unit 4, B2b)*:

Have you ever had any experience as a volunteer? – **Yes**.
When did you work as a volunteer? – **Last year**.

b) um eine Handlung zu beschreiben, die in der Vergangenheit begonnen hat und noch andauert.

Eine typische Frage in diesem Sinne wird mit **How long?** gebildet:
How long have you **worked** for this company? – Six months. And I like it.
How long have you **lived** here? – Five years. It's nice here.

Vergleichen Sie:
How long did you **work** for that company? – Six months. It was in 2005.

Das **past simple** (→ 2.5) wird für Handlungen und Umstände gebraucht, die abgeschlossen sind.

Form
Das **present perfect** besteht aus dem Verb **have** (→ 2.2.1) und dem **past participle** des Hauptverbs.

Bei **regelmäßigen Verben** (→ 2.5.1) hat das **past participle** dieselbe Form wie das **past simple**, also Grundform + **ed**.

Bei **unregelmäßigen Verben** (→ 2.5.2) ist die Form des **past participle** oft anders. Eine Tabelle der unregelmäßigen Verben, die in **NEXT A2/2** vorkommen, finden Sie auf Seite 148.

Aussagesatz

I	've / have	waited
he / she / it	's / has	played
you / we / they	've / have	eaten

Fragesatz

Have	I	visited?
Has	he / she / it	played?
Have	you / we / they	eaten?

Verneinter Aussagesatz

I	haven't / have not	visited.
he / she / it	hasn't / has not	played.
you / we / they	haven't / have not	eaten.

Bejahte Kurzantworten

Yes,	I have.
	you have.
	she has.
	etc.

Verneinte Kurzantworten

No,	I haven't.
	you haven't.
	she hasn't.
	etc.

2.8 Modal verbs *Modalverben*

Englische Modalverben wie **can** haben folgende Eigenschaften:
a) Sie haben keine Endungen, z. B.: **I can, you can, he can** usw. (kein –s!).
b) Frageformen und Verneinungen werden durch einfaches Umstellen bzw. Ergänzen von **not** gebildet:

Can you repeat that, please?
I **can't** understand.
c) Sie werden immer mit einem anderen Verb (Grundform) verwendet, das im Aussagesatz direkt nach dem Modalverb steht: außer bei Kurzantworten (Yes, we can!).
He can **speak** English. ↔ Er kann Englisch (sprechen).
Can I **have** a Coke, please? ↔ Eine Cola, bitte.

2.8.1 Can

Can you speak Italian? – No, I **can't**. (**cannot**)
You **can** eat it hot or cold. *Unit 3, B1c*
Can you describe your suitcase?
If you have a problem, you **can** call *Unit 4, C2a*
me on my mobile.
Can I have a cup of coffee, please?
You **can** smoke here.
Can you wear jeans at work?
Can I give her a message?

Can entspricht im Deutschen etwa „können", manchmal auch „dürfen".
Can wird folgendermaßen gebraucht:
a) um über **Fähigkeiten** zu sprechen: I can speak German. I can't cook.
b) um eine **Bitte** oder eine **Anfrage** zu äußern: Can you repeat that, please? Can I have ice, please? Can you tell me the way to the station? Can I speak to Simon, please?
c) um **Hilfe** usw. anzubieten: Can I help you? Can I give her a message?
d) um um **Erlaubnis** zu bitten oder sie zu gewähren: You can smoke here. Can I drive when I take this medicine?

Eine andere Art, Erlaubnis zu geben bzw. nicht zu geben, ist die folgende:
You **aren't allowed to** smoke inside. *Unit 4, C3b*
You**'re allowed to** smoke outside. *Unit 4, C3b*
Diese Form ist eindeutiger als **can** bzw. **can't**.

Beispiele für die Frageform und die Verneinung von **can** und **be allowed to**, siehe oben.

Die Kurzform der Verneinung ist **can't**. Diese Form wird folgendermaßen ausgesprochen: /ka:nt/ (UK), /kaent/ (US)

Die volle Form wird als ein Wort geschrieben: **cannot**.
(Bei den anderen Modalverben ist dies nicht der Fall, zum Beispiel:
should not, must not).

2.8.2 Could

Could I have your address, please?
We **could** give him a ticket for the opera.

In den Beispielen oben wird **could** gebraucht:
a) wenn Sie um etwas **bitten** möchten: Could I have ... ? **Could** hat hier
   die gleiche Bedeutung wie **can** (Can I have ...?), ist aber manchmal ein
   bisschen höflicher. Vergleichen Sie „Kann ich ...?" und „Könnte ich ...?".
b) um einen **Vorschlag** zu machen bzw. eine **Möglichkeit** auszudrücken:
   We could get him a ticket for the opera.
   Could wäre hier mit „könnte(n)" zu übersetzen.

Could ist ein Modalverb wie **can**: Grammatisch ist es die Vergangenheits-
form von **can**. Es kann also sowohl „könnte" als auch „konnte" heißen, je
nach Kontext. Fragesätze und Verneinungen werden wie bei **can** gebildet:

Could you get him a ticket for the opera?
We **couldn't** go to Salzburg.

2.8.3 Should

He **should** give his father a bottle of whisky. *Unit 8, A2b*
He **shouldn't** work so hard.

Should wird gebraucht, um einen **Rat** zu geben oder einen **Vorschlag** zu
machen:

You **should** go home.

In diesem Sinne entspricht **should** im Deutschen etwa „sollte".

2.8.4 Would

Would like
Would in **would like** bzw. **'d like** ist auch ein Modalverb:
I**'d like** a pair of jeans, please.
What colour **would you like**?
Would you like to try them on?

Would like entspricht im Deutschen etwa „möchte" / „hätte gerne".

Would rather
To be honest, I don't like football at all.
I**'d rather** play chess. *Unit 7, C1c*
Would rather entspricht **prefer**, etwa „hätte lieber" oder „würde lieber".

Vergleichen Sie:
Would you **like to watch** TV or **would** you **rather listen** to some music?
(→ 2.12)

2.8.5 Must / have to

You **must** come on time.	*Unit 4, C3a*
You **have to** come on time.	*Unit 4, C3a*
You **mustn't** be late.	
You **mustn't** smoke in the pub.	*Unit 4, C3a*
You **don't have to** smoke just because your friends smoke.	*Unit 4, C3a*

Must und **have to** werden gebraucht, um über **Verpflichtungen** oder
Notwendigkeiten zu sprechen.

Die folgenden beiden Sätze bedeuten „Sie müssen gehen":
You must go.
You have to go.

Vergleichen Sie aber:
You mustn't go. ↔ You don't have to go.
Sie dürfen nicht gehen. ↔ Sie müssen nicht gehen.

Um auszudrücken, was notwendig ist, benutzt man auch das Verb **need**,
zum Beispiel:
I **need** English for my work.
I **need to learn** English for my work.
Need ist hier kein Modalverb. Beachten Sie: I need **to** learn English.
(→ 2.12)

Must ist ein Modalverb wie **can** (→ 2.8.1). Fragesatz und Verneinung
folgen dem gleichen Muster wie bei **can**:
You **mustn't** drive a car.
Must I go?

Der Fragesatz und die Verneinung von **have to** werden wie für **have**
gebildet (→ 2.2):
Do I **have to** go?

You must come with me but you don't have to say anything.

94

2.8.6 Might

I **might** take my own bag when I go shopping.   *Unit 6, C2*

Might wird gebraucht, um über eine Möglichkeit zu sprechen. Im Beispiel ist es nicht sicher, ob die Person ihre eigene Einkaufstüte mitnehmen wird. Im Deutschen würde man ein „vielleicht" einfügen.

Might ist ein Modalverb wie **can** (→ 2.8.1). Der Fragesatz und die Verneinung folgen dem gleichen Muster wie für **can**.

2.9 Future forms *Futur*
2.9.1 Present continuous (→ 2.4)

What **are we doing** tomorrow?
– At 5:30, **we're meeting** the office team.

Das **present continuous** wird unter anderem gebraucht, um über Verabredungen in der Zukunft zu sprechen.

2.9.2 Going to

We**'re** (we are) **going to** listen to a talk.
How long **are** you **going to** stay?
It**'s going** to rain.   *Unit 6, A3a*
It**'s going** to be sunny.   *Unit 6, A3a*

Going to wird folgendermaßen gebraucht:

a) um über Pläne und Absichten zu sprechen, z.B.:

I'm going to start reading the news on the Internet in English.
  (meine Absicht)
My friend's going to look for a new job because he doesn't like
  the job he has now.

b) um über die unmittelbare
   Zukunft zu sprechen:

  It's **going to** rain. (I can see
  the black clouds. / I saw the
  weather map.)
  That young man's **going to**
  have an accident. (I've seen
  how he drives!)

I'm going to
have a baby.

Die Form sieht folgendermaßen aus:

Present continuous von **go** (→ 2.4)	+ Grundform des Hauptverbs mit **to**
I'm **going** She's **going** etc.	**to buy** a magazine in English. **to emigrate** to Australia.

Fragesatz: Are you **going to watch** TV this evening?
Verneinung: I'**m not going to play** tennis tomorrow.

▲ Im Alltag wird **going to go** vermieden, zum Beispiel:
  I'm going ~~to go~~ swimming this afternoon.

Aussprache
Going to wird im Alltag oft wie "gonna" ausgesprochen:
  "It's gonna rain." oder sogar "It gonna rain."
  "What (are) you gonna do?"

2.9.3 Will

Aspen **will** get more rain than snow in winter.	*Unit 6, B3b*
People **won't** go on real holidays anymore.	*Unit 6, B3b*
I'**ll** turn off the lights next time I leave a room.	*Unit 6, C2*
I'**ll** give you a call.	*Unit 7, C1b*
I think I'**ll** go swimming so I'**ll** take my swimming costume, but I **won't** take a tennis racket.	*Unit 7, C2c*
If Person B asks another question, the conversation **will** easily continue.	*Unit 8, C3c*
If the man gives her a bottle of perfume, she'**ll** be pleased.	*Unit 8, D3*

96

If the woman doesn't like the perfume, she **won't** be pleased.	*Unit 8, D3*
I have a dream that this nation **will** rise up.	*Unit 10, C3a*
I think that Manchester United **will** win again this year.	*Unit 10, C5b*
I hope that **I'll** have some grandchildren soon.	*Unit 10, C5b*

Will ist ein Modalverb und wird folgendermaßen gebraucht:

a) um eine Voraussage zu machen oder eine Meinung mit Blick auf die Zukunft zu äußern, z.B.:
Aspen **will** get more rain in the winter in 2040 than now.

Eine Frage über die Zukunft sieht so aus:
What **will** the weather be like tomorrow?
Will Bayern Munich win the match on Saturday?

Oft werden solche Voraussagen mit Ausdrücken wie **I think** eingeleitet:
I think that Manchester United **will** win this year.

Auch Hoffnungen für die Zukunft werden mit **will** ausgedrückt:
I hope that the weather**'ll** be nice tomorrow.

In der Umgangssprache wird eine Hoffnung auch mit dem **present simple** ausgedrückt, z.B.:
I hope your new job **goes** well.

Manchmal ist die Voraussage mit einer Bedingung, einem **if**-Satz (→ 1.6), verbunden:
If my girlfriend calls me tomorrow I**'ll** be really pleased.
We **won't** arrive before 6 o'clock **if** the traffic is bad.

b) um einen Entschluss oder ein Angebot anzukündigen, was normaler-weise mit **I'll** beginnt:
I'll turn off the lights next time I leave a room.
I'll give you a call.

Beachten Sie auch folgende Beispiele:
What would you like to drink? – **I'll have** a glass of wine, please.
I'll take the steak with a green salad. (in a restaurant)
Who wants to organize the company outing? – **I'll do** it. Don't worry.
I won't forget.

Will ist ein Modalverb wie **can** (→ 2.8.1). Der Fragesatz und die Ver-neinung folgen dem gleichen Muster wie für **can**.

Beachten Sie aber:
– die Kurzform im Aussagesatz: I'**ll** (I will), he'**ll** (he will) etc.
– die Kurzform im verneinten Aussagesatz: I **won't** (I will not), he **won't** (he will not) etc.

2.10 Imperative *Befehlsform*

Add the cream.	*Unit 3, B3b*
Don't worry about problems.	*Unit 3, B3b*
Be careful! **Hold** it carefully.	*Unit 4, D2b*
Let's get him a watch.	

Der **Imperativ** im Englischen
– hat nur eine Form, nämlich die Grundform des Verbs: Eat. Take.
– wird nur mit einem Ausrufezeichen geschrieben, wenn man tatsächlich einen Befehl gibt. Vergleichen Sie:
Stop! *(Befehl)*
Take two pills three times a day. *(Anweisung)*
Eat fruit. *(Vor- oder Ratschlag)*

Vergessen Sie nicht, dass **be** die Grundform des Verbs „sein" ist (I am, you are etc.):
Be careful!
Be quiet!

Die **verneinte Form** wird mit **don't** (**do not**) gebildet:
Don't eat fast food.
Don't be stupid!

Let's entspricht der „wir"-Form im Deutschen:
Let's (**Let us**) go for a drink.   Gehen wir etwas trinken!

2.11 Passive *Passiv*

Miller **is asked** why he spends his time like this.	*Unit 6, D1c*
Flowers **are planted**.	*Unit 6, D1c*
He **was born** near Miami.	*Unit 6, D1c*
Fifteen years ago these trees **were cut down**.	*Unit 6, D1c*
It'**s made** in Wales.	*Unit 8, A3a*
One billion greeting cards **are sent** every year.	*Unit 9, A2a*
35 million boxes of chocolates **were sold** last year.	*Unit 9, A2a*

Das Passiv wird im Englischen wie auch im Deutschen gebraucht, um den Mittelpunkt im Satz zu ändern. Oft wird es verwendet, wenn man nicht weiß oder es nicht wichtig ist, wer etwas gemacht hat, z.B.:

This chocolate **is made** in Switzerland. (Von wem ist hier nicht wichtig.)
These trees **were cut down** 15 years ago. (Vielleicht wissen wir nicht
mehr, von wem genau.)

Form
Das Passiv wird mit dem Hilfsverb **be** (→ 2.1) und dem **past participle**
gebildet.

Bei **regelmäßigen Verben** (→ 2.5.1) hat das **past participle** dieselbe
Form wie das **past simple**, das heißt Verb + **ed**.
Bei **unregelmäßigen Verben** ist die Form des **past participle** oft anders.
Eine Tabelle der unregelmäßigen Verben, die bis jetzt in **NEXT** vorkom-
men, finden Sie auf Seite 148.

Beachten Sie, dass das **past participle** auch bei der Bildung des **present
perfect** (→ 2.7) gebraucht wird.

Passivsätze können in alle Zeitformen gesetzt werden. In **NEXT A2/2**
finden wir:
  The flowers **are planted**.
  The trees **were cut down** 15 years ago.

Fragen und Verneinungen sind einfach zu bilden:

The flowers are planted.	The trees were cut down.
Are the flowers planted?	Were the trees cut down?
The flowers aren't planted.	The trees weren't cut down.

Kurzantworten werden mit **be** gebildet:
Is it made in Wales?   Yes, **it is**. / No, **it isn't**.

2.12 Infinitive and "-ing" form *Infinitiv und -ing-Form*

Climbing is an outdoor sport.	*Unit 7, A1b*
Sailing is a water sport.	*Unit 7, A1b*
Do you enjoy walk**ing**? – Yes, but I prefer **jogging**.	*Unit 7, B2b*
I'm keen on **reading**.	*Unit 7, D3a*
I'd rather **play** chess.	*Unit 7, C1c*
Would you like **to try** it on?	
Can you **speak** French?	

99

Englisch hat drei wichtige Formen des Verbs:
- **infinitive** ohne **to**: I can **speak** English.
- **infinitive** mit **to**: I'd like **to speak** English better.
- **-ing form**: I enjoy **learning** English.

Infinitive

Im Englischen gibt es wie im Deutschen zwei Formen des Infinitivs, der Grundform des Verbs:

go ↔ gehen
to go ↔ zu gehen

Und wie im Deutschen benutzt man diese Formen nach bestimmten Verben oder Adjektiven:

I can **come.**   Ich kann **kommen.**
Nice **to meet** you!   Nett, Sie **kennenzulernen.**

Achten Sie aber auf Fälle, die anders sind als im Deutschen, z.B.:

What would you like **to drink?** ↔ Was möchten Sie **trinken?**
I want **to write** emails. ↔ Ich will E-Mails **schreiben.**

-ing form

Bis jetzt sind wir in **NEXT** der **-ing-Form** in den folgenden Zusammenhängen begegnet:

a) Wenn man ein Verb in ein Nomen verwandeln möchte (sehr häufige Verwendung!), z.B.:

Football and **climbing** are outdoor sports.
Sailing is a water sport.
Jumping out of the aeroplane is the experience of a lifetime.
Do you enjoy **walking?**
oder
I like coffee.
I like **drinking** coffee.

Weitere Beispiele:
Experience fantastic snow, wonderful **dining** and great events.
You can enjoy **snowmobiling**, sleigh rides, **ice skating** or hot air **ballooning.**

b) Nach einer **preposition**, z.B.:

I'm keen on chess.
I'm keen on **reading.**

Weitere Beispiele:
I'm good at **cooking**.
I look forward to **seeing** you.
I'm interested in **finding** out more information.
I often dream of **flying**.
I'm hopeless at **skiing**.

c) Nach bestimmten Ausdrücken, z.B. mit **go**: **go shopping**, **go walking**,
   go swimming usw.

You can go cross-country **skiing** and **snowshoeing**.

▲ Do you like eating?   *Eine Frage über Vorlieben.*
   Would you like to eat? *Eine Einladung oder ein Vorschlag.*

3. Nouns, determiners and pronouns
Nomen, Begleiter und Pronomen

3.1 Nouns *Nomen*

Die Wortart **noun** hat im Deutschen verschiedene Bezeichnungen. Man
spricht von „Nomen", „Substantiv" oder „Hauptwort".
Die großen Unterschiede zwischen Nomen im Deutschen und **nouns** im
Englischen sind:
a) Im Deutschen werden Nomen immer großgeschrieben. Im Englischen
   dagegen werden nur Namen von Personen (Susan), Ländern (Germany), Sprachen (German), Städten (London) usw. großgeschrieben.
   Ansonsten werden **nouns** immer kleingeschrieben: **book**, **table**,
   house, **love**, **money** usw.
b) Deutsche Nomen sind entweder männlich, weiblich oder sächlich.
   Englische **nouns** dagegen haben (außer bei Personen) dieses Merkmal
   nicht.

3.2 Singular and plural *Einzahl und Mehrzahl*
3.2.1 Regular plurals *Regelmäßige Mehrzahlformen*

trip	trips
family	families
wife	wives

Man bildet die Mehrzahl im Englischen durch das Anhängen eines -s an die Einzahlform:

one book   two books

Rechtschreibung und Aussprache (→ 2.3 und 2.5.1)
a) Die Aussprache des -s passt sich dem Endlaut des **noun** an.
Ein Wort wie **book** hat einen stimmlosen Laut /k/ am Ende: Das Mehrzahl -s wird als /s/ gesprochen.
Ein Wort wie **car** oder **day** endet mit einem stimmhaften Laut, und das Mehrzahl -s wird eher als /z/ gesprochen.
Endet das **noun** mit dem Laut /s/ wie **office**, wird die Mehrzahlendung /ɪz/ gesprochen: /'ɒfɪsɪz/

b) Wenn das **noun** auf -s, -sh, -x oder -ch endet (wie **sandwich**), wird -es angehängt und die Endung ebenfalls /ɪz/ gesprochen.

c) Bei **nouns**, die auf Konsonant + -y enden, wird das -y durch ein -i ersetzt:

       one country   three countries
       one family   two families
aber: one boy   two boys (Vokal + -y!)

d) Wörter mit dem Endlaut /f/ verändern in der Mehrzahl die Schreibweise oft zu -**ves**:

       one wife   two wives
       one knife   two knives

3.2.2 Irregular plurals *Unregelmäßige Mehrzahlformen*

Es gibt nur wenige unregelmäßige Mehrzahlformen im Englischen. In **NEXT A2/2** finden Sie die folgenden:

one child   two **children** (Aussprache: /'tʃɪldrən/)
one man   two **men**
one tooth   two **teeth**
one woman   two **women** (Aussprache: /'wɪmɪn/)

Dazu kommen Wörter, die keine Mehrzahl oder keine Einzahl haben, z. B.:

ohne Mehrzahl : **money, food, peace**
ohne Einzahl: **clothes, jeans, trousers, scissors, glasses** (Brille)

3.3 The indefinite article: a/an *Der unbestimmte Artikel*

Is there **a** pub near here?
Is there **an** Internet café?
Are you **a** teacher?
I'm **an** aroma therapist.

Der unbestimmte Artikel heißt im Englischen **a** oder **an** und entspricht
dem deutschen „ein/eine" usw.
Es gibt auf Englisch zwei Formen: **a** und **an**.
– **a** verwendet man, wenn das nächste Wort mit einem Konsonanten beginnt, z. B. **b, f, s, t**:
a car
a big car

– **an** verwendet man, wenn das folgende Wort mit einem Vokal
(**a, e, i, o, u**) beginnt:
an apprentice
an orange juice
an interesting book

Es gibt einige wenige Ausnahmen:
a) **a** statt **an**
a European city (weil das Wort „European" mit einem /j/-Laut beginnt)
a uniform (auch dieses Wort beginnt mit einem /j/-Laut)

b) **an** statt **a**
an hour: Es gibt wenige Wörter, die mit einem „h" beginnen, das aber
nicht ausgeprochen wird. In diesen Fällen wird **an** verwendet. Ein wei-
teres Beispiel: **an** honest man.

▲ Margaret is **a** teacher. ↔ Margaret ist Lehrerin.
Sarah is **an** engineer. ↔ Sarah ist Ingenieurin/Technikerin.

▲ We open seven days **a** week. ↔ 7 Tage in der Woche
Take two pills three times **a** day. ↔ 3-mal pro Tag
60 kilometers **an** hour ↔ 60 km/h (→ 5.2)

3.4 The definite article: the *Der bestimmte Artikel*

When does **the** train to Oxford leave?
What did you do on **the** 4th of July?
Jean is **the** person who looks after **the** money.

103

Der bestimmte Artikel (**definite article**) heißt im Englischen **the**.
Er wird generell wie „der/die/das" usw. im Deutschen verwendet.

Aussprache
Das Wort **the** wird auf zwei verschiedene Weisen ausgesprochen:
– als /ðə/ vor Wörtern, denen der unbestimmte Artikel **a** vorangestellt
  werden kann (→ 3.3), z. B.:
  the car   /ðə kɑː/
  the German book /ðə dʒɜːmən bʊk/
– als /ðiː/ vor Wörtern, denen der unbestimmte Artikel **an** vorangestellt
  werden kann (→ 3.3), z. B.:
  the office   /ðiː ɒfɪs/
  the Italian student /ðiː ɪtæljən 'stjuːdənt/

Die Ausnahmen sind die gleichen wie in 3.3:
– the European Cup   /ðə ˌjʊərəpiːən 'kʌp/
– the United States   /ðə juːˌnaɪtɪd 'steɪts/
– the hour   /ði 'aʊə/

⚠ **Ländernamen**
Es gibt ein paar Länder, zu deren Namen der bestimmte Artikel
gehört:
  the United Kingdom, **the** United States, **the** Czech Republic,
  the Ukraine

Sonst haben Ländernamen keinen Artikel: Germany, France usw.

3.5 Personal pronouns *Personalpronomen*

Where are **you** from? – **I**'m from Korea.
There was a big picnic for **me**.
Can **I** give **her** a message?

Subject personal pronoun		Object personal pronoun	
I	ich	me	mich/mir
you	du/ihr/Sie	you	dich/dir/euch/Sie/Ihnen
he	er	him	ihn/ihm
she	sie *(Einzahl)*	her	sie/ihr *(Einzahl)*
it	es	it	es/ihm
we	wir	us	uns
they	sie *(Mehrzahl)*	them	sie/ihnen *(Mehrzahl)*

Subject personal pronouns geben Antwort auf die Frage „wer?".

a) Im Englischen macht man keinen Unterschied zwischen „du", „ihr"
   oder „Sie": you deckt Einzahl und Mehrzahl sowie alle Höflichkeitsfor-
   men ab.
b) He und she benutzt man nur für Personen. Für eine Sache oder ein
   Tier steht it. They dagegen steht sowohl für Personen als auch für
   Dinge und Tiere.

Object personal pronouns geben Antwort auf die Fragen „wen?" oder
„wem?". Beachten Sie in der Tabelle oben, dass das englische me sowohl
„mich" als auch „mir" heißt.

Ein object personal pronoun kann folgendermaßen verwendet werden:
- nach einem Verb: She loves him.
- nach einer Präposition: There was a party for me.

Ein object personal pronoun kann auch als indirektes Objekt verwendet
werden.
– I gave her a job.
   Ich habe ihr einen Job gegeben.

– They will probably bring me a bottle of wine.
   Sie werden mir wahrscheinlich eine Flasche Wein schenken.

3.6 Possessives *Besitzanzeigende Fürwörter*
3.6.1 Possessive determiners

What's your name?
I speak German with my colleagues.

Subject personal pronoun		Possessive determiners	
I	ich	my	mein
you	du/ihr/Sie	your	dein, euer, Ihr
he	er	his	sein
she	sie *(Einzahl)*	her	ihr
it	es	its	sein
we	wir	our	unser
they	sie *(Mehrzahl)*	their	ihr

Die englischen possessive determiners haben im Gegensatz zum
Deutschen keine Endungen:

My father lives in Hamburg. (**mein** Vater)
My mother lives in Berlin. (**meine** Mutter)
I see **my** father in the holidays. (**meinen** Vater)

▲ Beachten Sie den Unterschied:
It's a beautiful day. (= It is)
This is my favourite book. **Its** name is "The Alchemist". *(possessive)*

3.6.2 Possessive pronouns

Whose is this? Is it **yours**? – No, it's **mine**.   *Unit 5, B3b*

Possessive determiners	Possessive pronouns
my (cat)	(It's) mine.
your (dog)	(It's) yours.
his (book)	(It's) his.
her (car)	(It's) hers.
our (house)	(It's) ours.
their (garden)	(It's) theirs.

Vorsicht beim Übersetzen ins Deutsche und aus dem Deutschen. Die englischen Possessivpronomen werden oft nicht direkt übersetzt. Vergleichen Sie:

Whose is this cat?	It's **mine**.
Wem gehört diese Katze?	Sie gehört mir.
Is this **yours**?	No, it's **hers**.
Gehört Ihnen das?	Nein, es gehört ihr.

3.7 Possessive " 's "

Whose favourite teacher was a primary school teacher?
  – Debbie**'s** (favourite teacher).   *Unit 5, A2c*
Is there a baker**'s** near here?

Das **'s** zeigt den Besitz an. Man sagt: **Jeremy is Linda's husband.**
(Nicht: ~~Jeremy is the husband of Linda~~.). Im Unterschied zum Deutschen muss ein Apostroph gesetzt werden.

Für traditionelle Läden verwendet man ebenfalls das **'s**, z.B.:
  a baker**'s**   eine Bäckerei
  a chemist**'s**   eine Apotheke

3.8 This / that, these / those

I'd like **that** T-shirt.
These are my colleagues.
What are you doing **this** weekend?

This wird für eine Person oder Sache gebraucht, die sich nahe beim Spre-chenden befindet. Das kann räumlich nah sein (**This is my colleague.**) oder nah in der Zeit (**this evening**). **That** sagt man, wenn etwas weiter weg ist. Die Mehrzahl von **this** ist **these**, die Mehrzahl von **that** ist **those**.

This/that, these/those können auch alleine als Pronomen gebraucht werden:

Hello, **this** is John Baker. *(am Telefon)*
My name's Tim Hess and **these** are my colleagues. *(eine Person vorstellen)*

Hello, this is Brian.
Is that Brenda?

3.9 Some / any / no

Are there **any** peanuts on your list?	*Unit 3, A4b*
Do you need **any** peanuts?	*Unit 3, A4b*
There aren't **any** peanuts.	*Unit 3, A4b*
We need a bottle of wine and **some** orange juice.	*Unit 3, A4b*
I've got **no** time to see you this week.	

Man verwendet **some** und **any**, um von einer begrenzten Anzahl (**some nice restaurants**) oder einer begrenzten Menge (**some money**) zu spre-chen. Im Deutschen gibt es keine Ausdrücke, die diesen Wörtern genau entsprechen. „Etwas" für eine Menge, „einige" für eine Anzahl sind mög-liche Übersetzungen, aber in der Regel werden **some** und **any** gar nicht übersetzt. (Zum Beispiel: „Es gibt dort schöne Restaurants." / „Bring Geld mit."). Auch im Englischen lassen sich diese Ausdrücke manchmal vermeiden:

I have toast and marmalade for breakfast.
Ich esse Toast und Orangenmarmelade zum Frühstück.

Would you like ketchup?
Möchten Sie Ketchup?

Some wird in **Aussagesätzen** gebraucht:
There are **some** nice restaurants in the town.
I'd like **some** coffee, please.

Das Wort **some** wird in solchen Sätzen nie betont. Es wird hier fast wie /sm/ ausgesprochen.

Some und **any** werden beide in **Fragesätzen** gebraucht. Der Unterschied liegt beim Schwerpunkt der Frage. Vergleichen Sie:

Would you like some ketchup?
(eine Einladung oder ein Angebot, positiv betont)

Do you need any orange juice? *(eine offene Frage)*

Any wird mit **not** in **verneinten Aussagesätzen** gebraucht:

I don't spend **any** time with friends.
Ich verbringe keine Zeit mit Freunden.

I don't have **any** money.
Ich habe kein Geld.

▲ Beachten Sie den Unterschied zwischen „kein" und **any**. Das Wort „kein" ist negativ. **Any** dagegen ist nur negativ in Zusammenhang mit **not**.

No
Eine andere Art, die Verneinung auszudrücken, ist die folgende:
I have **no** money.

I've got some beer, but I haven't got any food.

(→ 3.11)

3.10 Every

I go to my English class **every** Thursday evening.
Every child has to go to school.

Every wird für Personen oder Dinge gebraucht. **Every** is ein **determiner** (Begleiter): Es wird immer mit einem Nomen verwendet.

Pronomen dagegen sind **everything, everybody** usw. (→ 3.11).

3.11 Something / anything / everything / etc.

Everybody dreams but some people do not remember their dreams.	*Unit 10, A1b*
Somebody can have up to seven dreams a night.	*Unit 10, A1b*
This is a sign that **something** continues to worry you.	*Unit 10, A1b*
Some people remember **nothing** from their dreams.	*Unit 10, A1b*

somebody	something	somewhere
anybody	anything	anywhere
nobody	nothing	nowhere
everybody	everything	everywhere

Siehe 3.9 zur Anwendung von **some** und **any**. Die gleichen Regeln gelten für **somebody, anybody** usw., z.B.:
I saw **somebody** in the street but I did**n't** see **anybody** in the park.

Sie werden vielleicht manchmal statt **somebody, anybody** usw. **someone, anyone** usw. hören oder lesen. Im Mündlichen ist dies aber eher selten.

▲ Achtung!
Die Aussprache von **nothing** bildet eine Ausnahme:
nobody /ˈnəʊbɒdi/   **nothing** /nʌθɪŋ/   **nowhere** /ˈnəʊweə(r)/
Das **o** in **nothing** wird wie das **u** in **bus** oder **cut** ausgesprochen!

3.12 Much / many / a lot / a little / a few

How **many** hours do you spend online every day?	*Unit 3, C2*
– **A lot**. / Not **many**.	
How **much** money do you spend on that?	*Unit 3, C2*
– **A lot**. / Not **much**.	
How **much** does it cost?	

How **much** are the tickets?
A lot of restaurants serve good fruit juices and smoothies,
but only **a few** serve organic wines.   *Unit 3, D1c*

Much und **many** entsprechen im Deutschen etwa „viel/e".
How much ...? entspricht „Wie viel ...?", **How many ...?** „Wie viele ...?".

A lot (of) oder **lots (of)** ersetzen sowohl **much** als auch **many**, vor allem
in Aussagesätzen, z.B.:
We visited **a lot of** museums.
There are **lots of** shops.
We spent **lots of** money.

A lot kann auch alleine im Sinne von „viel" oder „sehr" gebraucht
werden:
We all ate and drank **a lot**.

A little wird als Gegenstück zu **much**, **a few** zu **many** gebraucht, z.B.:
I didn't spend **much** money, only **a little**.
I didn't see **many** people, only **a few**.

Wenn man nach einem Preis fragen will, gebraucht man **How much**:
How much is a ticket?
How much are the tickets?

(→ 3.14, **too much/many**)

Steigerungsformen
"Car" got **the most** ticks, but "computer" got
more ticks **than** bicycle.

Die Steigerungsformen von **much** und **many** sind wie folgt:

	Steigerungsform 1	**Steigerungsform 2**
much many a lot / lots	more (than)	the most

(→ 4.1, 4.2, 4.3)

3.13 One / ones

Is there a bookshop near here? – Yes, there's **one** in Badstraße.
I don't like this T-shirt but I like that **one**.
The red T-shirt is more expensive than the blue **one**.
The black shoes look more comfortable than the white **ones**.

One und **ones** stehen anstelle eines Nomens, um dessen Wiederholung zu vermeiden. Im zweiten und dritten Beispiel steht **one** für das Nomen **T-shirt**. Im vierten Beispiel steht **ones** anstelle von **shoes**. Im Deutschen steht hier normalerweise nichts, vergleiche:
„Die schwarzen Schuhe sehen bequemer aus als die weißen."

3.14 Too / enough

Are you **too** tired?
You drank **too much** wine last night.
They don't have **enough** time for their children.

Wie das Wort „zu" im Deutschen kann **too** vor einem Adjektiv stehen:
Would you like to go to the cinema?
– No, I'm **too** tired. *(Ich bin zu müde.)*

Too steht auch vor **much** und **many** im Sinne von „zu viel" oder „zu viele".
I didn't like the party. There were **too** many people there. *(zu viele Leute)*
I have **too** much work. I can't do it. *(zu viel Arbeit)*

Enough entspricht im Deutschen „genug". Und wie „genug" steht **enough** vor einem Nomen aber nach einem Adjektiv:
They don't have **enough time**. *(nicht genug Zeit)*
The day isn't **long enough**. *(nicht lang genug)*

3.15 Question words *Fragewörter*
3.15.1 When? / Where?

Where are you from?   *Unit 1, B3c*
Where do you live?
When does the train leave?
Where does the train leave **from**?

Das Fragewort steht zuerst, dann folgt der restliche Satz in der Frageform.

Beachten Sie, dass die Präposition am Satzende steht:
Where are you **from**? *(Woher? wörtlich: von wo?)*
Where does the train leave **from**?
Where are you going **to**? *(Wohin? wörtlich: zu/nach wo?)*

When? heißt „wann?" oder „um wieviel Uhr?"
Where? heißt „wo?" und nicht „wer?"!

3.15.2 What? / Who?

What's your name?
What did you learn in school?
What's she like?   *Unit 1, C4a*
What colour is her hair?   *Unit 1, C4b*
What school did he teach in?   *Unit 5, A3*
What sort of things do you do online?
Who is responsible for answering the phone?
Who was your favourite teacher?

What? kann „was?" oder „welcher/welche/welches?" heißen.
Who? heißt „wer?"!

Beachten Sie die folgenden englischen Fragestellungen, die sich von den deutschen unterscheiden:
What time is it? ↔ Wie spät ist es?
What do you do? ↔ Was machen Sie beruflich?
What was the weather like? ↔ Wie war das Wetter?
What's the matter? ↔ Was ist los?

3.15.3 How?

How's it going?   *(wie)*   *Unit 1, B2a*
How can I help you?   *(wie)*   *Unit 5, B2c*
How long have you worked here?   *(wie lange)*   *Unit 8, C1b*
How many hours do you spend online?   *(wie viel/e)*   *Unit 3, C2*
How much money do you spend?   *(wie viel/e)*   *Unit 3, C2*
How often do the trains to Cambridge run? *(wie oft)*
How much does a ticket cost?   *(wie viel)*

How entspricht im Deutschen „wie".

3.15.4 Why?

Why haven't you got a pet? – **Because** I don't like animals.   *Unit 2, A3b*

Why entspricht im Deutschen „warum". Eine Antwort auf die Frage why? kann **because** … (weil …) sein. (➔ 1.1)

3.15.5 Whose?

Whose favourite teacher was a primary teacher? – Debbie's.   *Unit 5, A2c*
Whose is this? Is it yours?

Sie können **whose** entweder alleine oder vor einem Nomen verwenden.

Beachten Sie:
Whose is it?   Wem gehört es?   (→ 3.6.2)

3.16 Relative pronouns *Relativpronomen*

Relativpronomen verbinden zwei Sätze miteinander. Das Pronomen **that** kann sowohl für Personen als auch für Dinge verwendet werden. Ansonsten wird **who** für Personen und **which** für Dinge verwendet.

3.16.1 Relative pronouns in subject position

A person **who/that** teaches children is a teacher.   *Unit 4, A1b*
Jean Atkins is the person in the company **who/that** looks after
  the money.
A gastropub is a pub **that/which** sells high quality food.

Das zweite Beispiel können wir folgendermaßen umschreiben:
Jean Atkins is a person in the company. **She** looks after the money.

In den Beispielen oben wird das Subjekt gewissermaßen durch den Relativsatz definiert:
Who is Jean Atkins? – She's the person who looks after the money.
What is a gastropub? – It's a pub that sells high quality food.
In solchen Fällen wird, anders als im Deutschen, kein Komma gesetzt.

3.16.2 Relative pronouns in object position

German was a subject (**that/which**) I had at primary school.
Mr Blenkinsop was a teacher (**who/that**) I had at secondary school.
He was a teacher who listened to the things (**that**) we wanted to say.

Das zweite Beispiel können wir diesmal folgendermaßen umschreiben:
Mr Blenkinsop was a teacher. I had **him** at secondary school.

Wenn das Relativpronomen die Funktion eines Objekts hat, können Sie in jedem Fall **that** verwenden – oder **who** für Personen und **which** für Dinge. Sie werden aber hören und lesen, dass das Relativpronomen auch ganz einfach weggelassen wird:

He was a teacher I had.
English is a language I love.

Beachten Sie, dass auch hier kein Komma gebraucht wird!

3.17 All / both / some etc.

All the students are learning English.
Both Linda and I like skiing.
Ralf and Kurt **both** work for banks.
All of us would like to play minigolf.

Both entspricht „beid-", **all** bedeutet „all-" oder „sämtlich-". Sie können die Wörter **all** und **both** folgendermaßen verwenden:

All / Both the students did their homework.
The students **both / all** did their homework.
All / Both of the students / did the homework.

Vergleichen Sie:
Both the students did their homework.
Die beiden Lernenden haben ihre Hausaufgaben gemacht.

Who did their homework? – **All / Both of them.**
Wer hat seine Hausaufgaben gemacht? – (Sie) alle / beide.

Beachten Sie auch:
Some of the cars were German.
Some of us think we should play minigolf.

Anstatt **some** kann man auch die folgenden Wörter benutzen: **many, a few, a lot,** usw:

Many of my friends came to the party.
A few of the students want to do a test.
She spends **a lot of her** time at work on the telephone.

4. Adjectives *Adjektive*

There are three **good** schools in Sandwich.
It's a **beautiful** cat.
The music was really **nice**.

Das **adjective** wird gebraucht, um eine Sache oder eine Person näher zu beschreiben. Anders als im Deutschen ändert sich die Form des Adjektivs im Englischen nicht. Schauen Sie sich die Beispiele oben noch einmal an: Im Deutschen hätte das Adjektiv im ersten und zweiten Beispielsatz eine Endung (drei gute Schulen, eine schöne Katze).

4.1 Comparative form *Steigerungsform 1*

A computer is **more important** than a TV.
It's **easier** to find things at department stores.

In den Beispielen oben werden zwei unterschiedliche Dinge verglichen. Im zweiten Satz werden **department stores** implizit mit einer anderen Art Laden verglichen.

4.1.1 Short adjectives *Kurze Adjektive*

I'm **taller** than Doris.
It's **easier** to find things in a department store.

Bei den meisten kurzen Adjektiven wird wie im Deutschen -er angehängt, wenn man zwei Dinge vergleicht.

tall	tall**er**
short	short**er**
cheap	cheap**er**
fast	fast**er**

Beachten Sie aber die folgenden Schreibregeln:

hot	**hotter**		easy	eas**ier**
big	**bigger**		heavy	heav**ier**
thin	**thinner**		pretty	prett**ier**

▲ Eine unregelmäßige Form:
good **better**

115

4.1.2 Long adjectives *Lange Adjektive*

A computer is **more important** than a TV.

Lange Adjektive werden mit **more** gesteigert.

expensive	**more** expensive
comfortable	**more** comfortable

difficult	**more** difficult
interesting	**more** interesting

Um die Steigerungsform zu verstärken oder abzuschwächen, kann man **much, a lot** bzw. **a bit** verwenden.
Department stores are **a lot** bigger.
(→5.4)

4.1.3 Than

Wenn man zwei Dinge vergleicht, folgt **than** auf die Steigerungsform:

I am taller **than** Doris.

4.2 Superlative form *Steigerungsform 2*

The four **most important** things are a bicycle, a computer, a car and a guitar.
The cheapest things are some of **the nicest** things.

In diesen Beipielen werden bestimmte Dinge hervorgehoben und verglichen.

4.2.1 Short adjectives *Kurze Adjektive*

This is **the nicest** T-shirt.

Bei den Adjektiven, deren **comparative** mit -er gebildet wird, wird der **superlative** mit **the** ...-est gebildet.

tall	tall**er**	**the** tall**est**
short	short**er**	**the** short**est**
cheap	cheap**er**	**the** cheap**est**
fast	fast**er**	**the** fast**est**

Beachten Sie die folgenden Schreibregeln:

hot	hotter	the hottest	easy	easier	the easiest
big	bigger	the biggest	heavy	heavier	the heaviest
thin	thinner	the thinnest	pretty	prettier	the prettiest

▲ Die beiden Steigerungsformen von **good** sind:
good **better** **the best**

4.2.2 Long adjectives *Lange Adjektive*

The television is **the most important** thing.

Die **superlative**-Form langer Adjektive wird mit **the most** gebildet.

expensive	**more** expensive	**the most** expensive
difficult	**more** difficult	**the most** difficult
comfortable	**more** comfortable	**the most** comfortable
interesting	**more** interesting	**the most** interesting

4.3 As ... as

Second-hand clothes aren't **as** nice **as** new clothes.

Wenn zwei Dinge (oder Personen) gleich sind (z.B. gleich schön oder gleich groß), kann man das mit **as ... as** ausdrücken.

I am **as** tall **as** Doris.
A computer is **as** important **as** a phone for me.

5. Adverbs and prepositions *Adverbien und Präpositionen*

5.1 Time *Zeit*
5.1.1 At / in / on

The shop opens **at** 7:30.
They're flying to Darwin **in** June.
The meeting is **on** Friday 9th June.
Marcello moved to Zermatt **in** 1997.

At, in und **on** sind Präpositionen. Um Zeit und Datum anzugeben, werden sie folgendermaßen benutzt:
at: für die Uhrzeit
on: für den Tag
in: für die Tageszeit, den Monat, die Jahreszeit, das Jahr

Die folgenden Wortigel (word wheels) geben Beispiele für diese und weitere Fälle:

at Christmas
at 3 o'clock — (at) — at night
at half past five   at the weekend (UK)

on Monday
on Saturday morning — (on) — on the weekend (US)
on my birthday
on July 4th

in 1997   in January
in the summer — (in)
in the morning

> ▲ Beachten Sie die Unterschiede zum Deutschen! Zum Beispiel:
> I was born **in** 1997. ↔ Ich bin 1997 geboren.

5.1.2 For / from ... to / till / until / ago / after / before

Marcello lived in Berne **for** 6 years.
He lived there **from** 1978 **to** 1984.
I started work here two years **ago**.
Can I take the medicine **after** breakfast?

For wird für einen Zeitraum gebraucht (**for** 6 years) und **from** ... **to** / **till** / **until** für den Anfang und das Ende eines Zeitraums (**from** April **to** June).

Im amerikanischen Englisch gibt es eine weitere Möglichkeit: **through** (oft als **thru** geschrieben):
Monday thru Thursday bedeutet „von Montag bis einschließlich Donnerstag".

Ago entspricht „vor" in Bezug auf einen Zeitraum, der von der Gegenwart in die Vergangenheit zurückreicht. Beachten Sie, dass **ago** nach dem Nomen steht:

2 years **ago** ↔ **vor** 2 Jahren

After entspricht im Deutschen „nach", **before** entspricht „vor".
Zum Beispiel:

Let's have a drink **before** the movie.

5.1.3 Yesterday / today / tomorrow etc.

I'm meeting my friend **tomorrow evening**.
The visitors are coming here **next week**.

Vergangenheit	Gegenwart	Zukunft
yesterday	today	tomorrow
yesterday evening	this evening	tomorrow evening
last Monday		this/next Monday
last week	this week	next week

5.2 Adverbs of frequency *Adverbien der Häufigkeit*

Louise **usually** works outdoors.
Steve comes to Lake Geneva **every summer**.
How often can I take these pills? **Three times a day**.

always	often	sometimes	usually	never
immer	oft	manchmal	gewöhnlich	nie

Always usw. sind Adverbien und geben Antwort auf die Frage **How often?** (Wie oft?). Beachten Sie, dass sie, anders als im Deutschen, vor dem Verb stehen.

Die folgenden Tabellen zeigen weitere Ausdrücke, die auf die Frage „Wie oft?" eine Antwort geben:

once a day	twice a day	twice a year
einmal täglich	zweimal täglich	zweimal im Jahr
three times a day	**four times a day**	**five times a week**
dreimal pro Tag	viermal pro Tag	fünfmal pro Woche

every morning	every week	every year
jeden Morgen	jede Woche	jedes Jahr

5.3 Adverbs of manner *Adverbien der Art und Weise*

All the people dress very **casually**.	*Unit 2, B2a*
Everyone drives **slowly** here.	*Unit 2, B2a*
Be careful! Hold it **carefully**.	*Unit 4, D2b*
He's a slow / fast driver. He drives **slowly** / **fast**.	*Unit 4, D2b*
He's a good driver: he drives **well**.	*Unit 4, D2b*

Adverbs of manner beschreiben, wie etwas gemacht wird. Sie stehen in der Regel zusammen mit einem Verb.

Form
Ein **adjective** wird zu einem **adverb** durch das Anhängen von **-ly**, z.B.:

slow   slow**ly**
casual   casual**ly**

Es gibt aber einige Rechtschreibregeln:
a) Wenn das Adjektiv mit **-y** endet, wird das **y** in **i** umgewandelt:
easy   eas**il**y
necessary   necessar**il**y

b) Wenn das Adjektiv mit **-le** endet, wird **-le** zu **-ly**.
terri**ble**   terri**bly**
gent**le**   gent**ly**

Es gibt auch einige Ausnahmen:
good   well
fast   fast

Beachten Sie, dass Adjektive und Adverbien im Deutschen oft die
gleiche Form haben. Vergleichen Sie:
  She's beautiful and she sings beautifully.
  Sie ist schön und sie singt schön.

Wortfolge
Ein **adverb of manner** steht gewöhnlich am Ende des Satzes:
  Push me **gently**!
  They read the text **carefully**.

Es kann aber auch vor dem Hauptverb stehen:
  The sun **slowly** rose.
  He **carefully** read the text.

Im Gegensatz zum Deutschen darf das **adverb** aber nicht zwischen Verb
und Objekt stehen. Vergleichen Sie:
  I speak English very well.
    Ich spreche sehr gut Englisch.
  The teacher carefully explained the exercise.
    Die Kursleiterin erklärte sorgfältig die Übung.

5.4 Adverbs of degree *Gradadverbien*

  It was **very** nice.
  It was **a bit** boring.
  You're a **really** warm and friendly person.
  You're **rather** creative.
  Department stores are **a lot** bigger.

Die **adverbs of degree** geben Antwort auf die Frage „inwieweit?" oder
„wie sehr?".

++	+
very	a bit
really	rather / quite
a lot / much	a little

Nicola is **very** slim. *(sehr schlank)*
She's **quite** tall. *(ziemlich groß)*
Derek is **a bit** heavy. *(ein bisschen schwer/dick)*
The book was **too** expensive for me. *(zu teuer)* (→ 3.14)

Bei der Steigerungsform 1 von Adjektiven (→ 4.1) verstärkt man die Steigerung folgendermaßen:
The shoes were **a lot/much** cheaper in Germany than in England.
Department stores are **a lot** bigger.
oder man schwächt ab:
Nicola is **a bit taller** than Derek.

much / many / a lot (→ 3.14)
Die folgenden **adverbs of degree** können mit **much/many/a lot** gebraucht werden:
very much/many
quite/rather a lot
too much/many

6. Punctuation *Zeichensetzung*

Hier sind einige wichtige Regeln zur Kommasetzung:

Kommas werden im Englischen viel seltener gesetzt als im Deutschen. Man setzt das Komma nur, wenn man beim Sprechen eine kleine Pause einfügen würde:
  – vor einem Beispiel: The Americans play special sports, for example baseball.
  – in einer Liste: The Americans like baseball, basketball and football.
  – vor "etc." (anders als im Deutschen): ... baseball, basketball, etc.

Kommas werden nicht gesetzt vor **that, if, when, because**, z.B.:
I think that it's a good idea.
I'll call you if I need help.
I'll call you when I get home.
I'm learning English because I need it for my job.

Phrasebank
Wortschatz in Themengruppen

More classroom language

Mehr Englisch für den Unterricht

Classroom instructions

Anweisungen

Look at page 10.	Schauen Sie Seite 10 an.
Match the questions and answers.	Ordnen Sie die Fragen den Antworten zu.
Work in pairs.	Arbeiten Sie zu zweit.
Work in groups of three.	Arbeiten Sie zu dritt.
Complete the sentence.	Ergänzen Sie den Satz.
Number the sentences.	Bringen Sie die Sätze in die richtige Reihenfolge. (Nummerieren Sie die Sätze.)
Tick the correct answer.	Kreuzen Sie die richtige Antwort an.
Count the number of syllables.	Zählen Sie die Silben.
Check the spelling.	Überprüfen Sie die Rechtschreibung.

Questions in class

Fragen im Unterricht

Is that right?	Ist das richtig?
What page is it?	Welche Seite ist es?
What does this word mean?	Was bedeutet dieses Wort?
How do you say "Stuhl" in English?	Was heißt „Stuhl" auf Englisch?
What is "chair" in German?	Was heißt „chair" auf Deutsch?
How do you spell "chair"?	Wie schreibt/buchstabiert man „chair"?
What is the homework this week?	Welche Hausaufgabe gibt es diese Woche?

When you have problems

Wenn Sie Schwierigkeiten haben

I'm sorry, I don't understand.	Es tut mir leid, ich verstehe das nicht.
Can you say that again, please?	Können Sie das bitte wiederholen?
Can you write that, please?	Können Sie das bitte schreiben?
Can you repeat that, please?	Können Sie das bitte wiederholen?
Can you spell that, please?	Können Sie das bitte schreiben / buchstabieren?
Not so fast, please.	Bitte nicht so schnell.

Social conversation *Sich unterhalten*

Meeting someone *Begegnungen* ➜ Unit 1, 8

- ■ Hi, Stu!
- ● Oh, hi, Gill. Hey you look great!
- ■ Oh, thanks, Stu! I was on holiday last week. How's it going? Are you OK?
- ● Yeah, I'm fine. And you? How are things?
- ■ Oh, great, but I must go. I'm meeting somebody. Great to see you, Stu!
- ● Yeah, good to see you, too, Gill. Take care.

- ■ Hi, Werner. Good to see you.
- ● Good to see you, too, Mrs Taylor.
- ■ Please call me Louise.
- ● OK, Louise. How are you?
- ▲ Oh, I'm very well, thank you, Werner. And how are you? Are you enjoying your new job?
- ● Yes, it's very interesting. And you? Is your job going well?
- ▲ Yes, it's a difficult time, but I'm fine. Thanks. I'm afraid I have to go to a meeting, but it was nice to see you again, Werner.
- ● And good to see you, Louise. Have a good meeting!

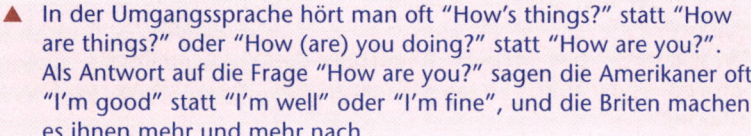

▲ In der Umgangssprache hört man oft "How's things?" statt "How are things?" oder "How (are) you doing?" statt "How are you?". Als Antwort auf die Frage "How are you?" sagen die Amerikaner oft "I'm good" statt "I'm well" oder "I'm fine", und die Briten machen es ihnen mehr und mehr nach.

Say more than "yes" or "no"!
Sagen Sie mehr als einfach nur „yes" oder „no"!

- ■ It's crowded today.
- ● Yes, very crowded.

- ■ This is a nice wine.
- ● Yes, it's delicious.

- ■ The weather's not very good.
- ● No, it's terrible.

Answer the question and ask another one
Beantworten Sie die Frage und stellen Sie noch eine!

- ■ Where do you work?
- ● I work for Lufthansa. And you? What do you do?

- ■ Have you got a family?
- ● Yes, I've got two kids. And what about you? Have you got children?

- ■ Have you been to England before?
- ● Yes, I went to a language school in Torquay. Do you know Torquay?

Compliments *Komplimente*

Compliment	Add a comment	Reply or react
You look great!	Were you on holiday?	Thank you. I feel great. I was in Spain last week.
What a beautiful dress!	Is it new?	Not really. I bought it last winter.
How interesting!	Tell me more!	I'd love to.
I love your house!	It's very pretty.	Thank you. I'm glad you like it.
That was a delicious meal!	I really loved the dessert.	Thanks. I'm pleased. Would you like the recipe?
That's a very nice bag.	Where did you get it?	I like it, too. I got it from that new shop …

Describing people *Leute beschreiben*

What does she look like? *Wie sieht sie aus?*

Hair *Haar*

What colour is her hair?	blond red / ginger brown
	black grey white
What colour is his hair?	He's losing his hair (a bit). / He's bald.

Appearance *Aussehen*

How tall is she?	She's tall – short
What does he look like?	He's thin / slim – fat / overweight /
	well-built / muscular
What colour are his eyes?	blue dark brown light brown
	grey green

What are they wearing? *Was tragen sie?*

Mike's wearing a blue suit, a white shirt and a red tie. He's carrying a raincoat and a pair of gloves.

Brenda's wearing a blue dress with a red cardigan. She's got red shoes with high heels. She's also wearing a small scarf.

Clothes and shoes *Kleider und Schuhe*

anorak

blouse

overcoat

trousers

jacket

skirt

boots

trainers

hat

cap

slippers

127

Describing things *Gegenstände beschreiben*

It's made of glass. It has wine in it.

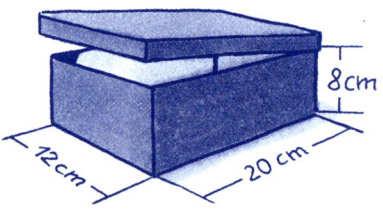

It's made of plastic.
It has juice in it.

This little dark blue box is 20 cm
long, 12 cm wide and 8 cm high.
I use this box to keep old
postcards in.

▲ a bottle of whisky   eine Flasche Whisky
   a glass of wine   ein Glas Wein
   a jar of honey   ein Glas Honig
   a packet of peanuts   ein Päckchen Erdnüsse
   a packet of cornflakes   ein Paket Cornflakes
   a carton of cream   ein Becher Sahne
   a tin of tomatoes (UK)   eine Dose Tomaten
   a can of beer   eine Dose Bier

▲ In Großbritannien benutzt man das Wort **tin** für Dose, wenn der
Inhalt zum Essen ist, und **can**, wenn es um Getränke geht. In
den USA benutzt man nur das Wort **can**.

My suitcase *Mein Koffer*

a	light	blue	leather	suitcase with	an orange strap
	dark	green	soft plastic		two wheels
		red, etc.	hard plastic		four wheels

Finding the way *Wegbeschreibung*

- ■ Can I help you?
- ● Yes, where's Ms Waterfield's office, please?
- ■ It's on the second floor. Take the lift. When you come out of the lift, turn left. It's the second door on the right.
- ● Thank you very much.

- ■ Where can I find children's clothes, please?
- ● You have to go up to the first floor. You can take the escalator. Then children's clothes are in front of you, on the left.
- ■ Are there toilets on that floor, too?
- ● Yes, they're next to the lifts at the back of the store.
- ■ And do you have a cafeteria?
- ● Yes, it's here on the ground floor, over there, at the back of the building, behind the perfume department.
- ■ Thanks.

129

Email *E-Mail*

To: Booking manager

Subject: Room booking

I need a single room for a non-smoker from 1- 4 April. I think there is a problem with the booking system on your website. Could you help me? Do you have a room available on these dates? And what is the room rate?

Thank you.

Kind regards
Barbara Shiply

▲ I'd like to book ...
I'd like to make a reservation ...
Do you have / Is there a room available ...?
What is the room rate? / How much is a room per night?
What is the total price for ...?

Dear Mr Day
I am writing to ask for information about language courses at your school. How many lessons a day do you offer? How long does the course last? How much does it cost? Could you please send me a brochure with this information or call me to discuss details. My telephone number is 0049 88 23 55 37.
Best wishes
Sascha Bergmann

Dear Bruno
It was very good to meet you last week. I hope you enjoyed your visit to our company. Thank you very much for the bottle of wine. My husband and I drank it at the weekend. It was very good!

I hope the rest of your visit to England went well. My colleagues and I look forward to seeing you again soon.

Best wishes
Fiona

Hi Claire
Lovely to see you last week. Hope you enjoyed your visit to Wales. Thank you so much for the flowers – they're still beautiful. I hope your journey back was OK. Was the train on time?
Looking forward to seeing you again soon.
Love
Lee

Job interview *Bewerbungsgespräch*

- ■ Good morning. My name's Libby Ransome from the HR department here. And you are Sven Breitmann. Is that right?
- ● Yes, that's right.
- ■ And you're interested in working as a management trainee in our company.
- ● Yes, that's right.
- ■ So tell me, Sven, how did you find out about our company?
- ● Well, I saw the online advert and I read about the company on the Internet.
- ■ So why would you like to work for our company?
- ● Well, I'm looking for a chance to come and work in England, and I have some experience of working in a similar company in Germany.
- ■ Good. I'd like to talk to you about that in a minute, but first tell me about your education, Sven.
- ● Yes, well I finished primary school and secondary school in my home town in Germany and then I started my apprenticeship. I was an apprentice with a company called Schneider. They are also a company that sells sports equipment like your company. I learnt to be a sales person.
- ■ And how long did your apprenticeship last, Sven?
- ● Four years.
- ■ And what did you do next, Sven?
- ● I worked for Schneider for two years, and then I went to the Fachhochschule in Hamburg, that's the University of Applied Sciences. I got a Bachelor in marketing.
- ■ Very good. And why do you want to come and work for us?
- ● Well, I thought …

Interview questions *Fragen*

How did you find out about our company?
Why are you interested in this job / working for this company?
Have you (ever) had any experience of this kind of work?
Where did you work before? How long did you work there?
Where did you go to school?
What did you study after school? / Did you do an apprenticeship?
What languages do you speak? / Where did you learn …?

CV *Lebenslauf*

Personal information

First name(s) / Surname(s)	Paul Weber
Address	65 Bridge Street, Wallingford, WA26 3QQ
Telephone	+44 (0)27 966 0011
Email	paul.weber@eemail.com
Nationality	German
Date of birth	12.10.1980

Work experience

Dates: 2005 onwards
Position: Store manager
Name and address of employer: Baker's Supermarkets, 39 Oxford Street, Croydon

Dates: 2001-2005
Position: Assistant store manager
Name and address of employer: Schneider GmbH, Bahnhofplatz, Bremen, Germany

Education and training

Dates: 1986 – 1990
School: primary school, Bremen

Dates: 1990 – 1996
School: secondary school, Bremen

Dates: 1996 – 2000
Training organization: Berufsschule (commercial college), Bremen
Training: Commercial apprenticeship with Schneider GmbH, Bahnhofplatz, Bremen, Germany

Dates: 2000
Training organization: German Armed Forces
Training: compulsory military service (9 months)

Dates: 2000
Training organization: Alpha Language School, Brighton
Training: English language course (6 weeks)

▲ Mehr Informationen und Tipps zur Gestaltung eines Lebenslaufs siehe http://europass.cedefop.europa.eu

Numbers *Zahlen*

0	zero, oh		
1	one	1st	first
2	two	2nd	second
3	three	3rd	third
4	four	4th	fourth
5	five	5th	fifth
6	six	6th	sixth
7	seven	7th	seventh
8	eight	8th	eighth
9	nine	9th	ninth
10	ten	10th	tenth
11	eleven	11th	eleventh
12	twelve	12th	twelfth
13	**thir**teen	13th	thirteenth
14	fourteen	14th	fourteenth
15	**fif**teen	15th	fifteenth
16	sixteen	16th	sixteenth
17	seventeen	17th	seventeenth
18	eighteen	18th	eighteenth
19	nineteen	19th	nineteenth
20	**twen**ty	20th	twentieth
21	twenty-one	21st	twenty-first
22	twenty-two	22nd	twenty-second
23	twenty-three	23rd	twenty-third
30	**thir**ty	30th	thirtieth
40	**for**ty	40th	fortieth
50	**fif**ty	50th	fiftieth
60	sixty	60th	sixtieth
70	seventy	70th	seventieth
80	eighty	80th	eightieth
90	ninety	90th	ninetieth
100	(one/a) hundred	100th	(one) hundredth
101	one hundred and one	101st	(one) hundred and first
1000	(one/a) thousand	1000th	(one) thousandth
32,648	thirty-two thousand, six hundred and forty-eight	32,648th	thirty-two thousand, six hundred and forty-eighth
1,000,000	(one/a) million	1,000,000th	(one) millionth
1,000,000,000	(one/a) billion	1,000,000,000th	(one) billionth

Quantities and measurements *Mengen und Größen*

a cup of tea
a pint of beer
a glass of wine
a kilo of tomatoes
500 grams of flour
half a pound of butter
a teaspoon of salt

▲ Beachten Sie, dass Mengenangaben im Englischen immer **of** enthalten, zum Beispiel **a kilo of tomatoes**.

Conversion tables *Umrechnungstabellen*

In den folgenden Tabellen finden Sie die wichtigsten amerikanischen Maßeinheiten.

Die Briten benutzen heutzutage mehrheitlich das metrische System, so wie die anderen europäischen Länder. Ältere Leute verwenden manchmal noch die alten Maßeinheiten, aber in der Schule und in der Industrie wird mit metrischen Einheiten gearbeitet. Die beiden wichtigen Ausnahmen sind **pint** (Maßeinheit für Bier) und **mile** (Entfernung im Straßenverkehr).

United States	Europe including UK (approximate equivalents)
Gewicht	
1 ounce (1 oz)	30 grams
1 pound (1 lb)	450 grams
Volumen	
1 pint[1] (1 pt)	0.5 litres
1 gallon (1 gal)	3.8 litres
1 cup[2] (= half a pint)	ca. 240 ml
Länge	
1 inch (1")	2.5 centimetres
1 foot (1')	30 centimetres
1 yard (1 yd)	90 centimetres
1 mile[3]	1.6 kilometres
30 miles	50 kilometres
50 miles	80 kilometres

1 Diese Maßeinheit verwenden die Briten nach wie vor für Bier. Aber Vorsicht! Das britische Pint ist größer als das amerikanische. Ein Pint Bier in einem Pub entspricht ca. 0,57 Liter.

2 Diese Maßeinheit wird in Kochrezepten gebraucht. Beachten Sie, dass die Amerikaner in der Küche nicht nur Flüßigkeiten, sondern auch Zutaten wie Mehl, Zucker und Butter nach Volumen und nicht nach Gewicht messen.

3 Die Briten verwenden auf ihren Straßen nach wie vor die Meile: **mile**. Sie messen Geschwindigkeit, wie die Amerikaner, in „miles per hour" (mph).

Temperatur[4]

0 degrees Fahrenheit (0°F)	-17.8°C
32 degrees Fahrenheit (32°F)	0°C
68 degrees Fahrenheit (68°F)	20°C
80 degrees Fahrenheit (80°F)	26.6°C
98.6 degrees Fahrenheit (98.6°F)	37°C
212 degrees Fahrenheit (212°F)	100°C

4 Man rechnet Fahrenheit folgendermaßen in Celsius um: Den Wert durch 5 teilen, mit 9 mal-
nehmen und dann 32 addieren! Am besten lernen Sie einige Richtwerte. Zum Beispiel: 40
Grad ist kalt und 80 Grad ist heiß! Die europäische Skala (°C) bezeichnet man entweder als
Celsius /'selsiəs/ oder Centigrade /'senti,greid/.

British and American English
Britisches und amerikanisches Englisch

Wie bereits in den Companion A1 und A2/1 gesagt, gibt es zwischen der
Sprache der Engländer und der Amerikaner nur wenige Unterschiede.
Hier im Companion A2/2 konzentrieren wir uns auf kulturelle Merkmale.

Weights and measures *Maße und Gewichte*

→ Umrechnungstabellen auf Seite 134

Educational system *Bildungssystem*

US	England and Wales
elementary school	primary school
high school	secondary school
	– comprehensive school
	(Gesamtschule)
	– grammar school (Gymnasium)
junior college	college (technical qualifications)
college, university	university

In den USA dauern **high school** sowie **college** oder **university** (die zum
Bachelor führen) gewöhnlich je vier Jahre. Die Jahre tragen die folgenden Namen:
1. Freshman Year
2. Sophomore Year
3. Junior Year
4. Senior Year

135

In Großbritannien werden die Schuljahre einfach durchnummeriert: **Year 1** (das erste Jahr in der Grundschule / das Kind wird in der Regel fünf Jahre alt) bis **Year 11** (das Ende der Regelschule / der Jugendliche erreicht das sechzehnte Lebensjahr). Die Regelschule (**compulsory school**) wird in den kommenden Jahren ab 2013 und 2015 jeweils um ein Jahr verlängert und endet dann mit dem achtzehnten Lebensjahr des Jugendlichen.

▲ Beachten Sie: Wenn die Amerikaner von **public schools** reden, meinen sie öffentliche Schulen. Die Briten dagegen meinen private Schulen.

Sport *Sport*

Sport ist sowohl in den USA als auch in Großbritannien (UK) sehr wichtig, aber jedes Land hat seine eigenen Lieblingssportarten:

US

Football
American Football wird mit einem ovalen Ball gespielt. Der Höhepunkt der Saison ist der **Superbowl**, in dem die Gewinner der beiden Ligen (**conferences**) der **NFL** (National Football League) gegeneinander spielen.

Baseball
Baseball wird im Sommer gespielt. Die Spieler müssen einen kleinen harten Ball (etwa so groß wie eine Orange) mit einem Schläger (**bat**) schlagen und um einen Kreis mit vier Standpunkten (**bases**) laufen, um Punkte zu machen. Der Höhepunkt der Saison ist die **World Series**, in der die Gewinner der beiden Ligen in einer Serie von sieben Spielen gegeneinander spielen.

UK

Football (or soccer)
Diese Sportart ist die beliebteste in Großbritannien. England und Wales haben eine Liga; Schottland und Nordirland haben je eine eigene. Die vier sogenannten **home nations** (die Mitgliedsländer des Vereinigten Königreichs) haben je eine Nationalmannschaft.

Cricket
Ein beliebtes Spiel für die Sommermonate, das man mit einem ähnlichen Ball wie beim Baseball spielt. Auch beim Cricket muss ein Spieler den Ball werfen und ein anderer versuchen, ihn mit einem Schläger zu treffen. Die Spieler laufen aber nicht um einen Kreis, sondern zwischen zwei **wickets** (Toren aus drei Stöcken). Die führenden Nationalmannschaften sind Australien, Indien, Pakistan, Sri Lanka, „West Indies", Neuseeland und England.

US
Basketball

Der Höhepunkt der Saison sind die **NBA Finals** (National Basketball Association). Die Gewinner der beiden Ligen (**conferences**) spielen in einer Serie von sieben Spielen gegeneinander.

Soccer

Dieses Spiel entspricht dem europäischen Fußball. Es ist nicht so beliebt wie die anderen Sportarten, wird aber gerne von Kindern und Jugendlichen, auch von Mädchen, gespielt. Der Name stammt von der britischen Abkürzung für **Association Football**. Die Briten haben zwei Arten von Fußball entwickelt: **Association Football**, das mit einem runden Ball gespielt wird, und **Rugby Football**, bei dem der Ball eine ovale Form hat.

UK
Rugby

Rugby hat viele Gemeinsamkeiten mit **American Football**, auch wenn die Regeln sich in wichtigen Punkten unterscheiden. Es gibt zwei Arten von Rugby: **Rugby Union** (Mannschaft mit 15 Spielern) und **Rugby League** (Mannschaft mit 13 Spielern). Die wichtigsten Rugby-Union-Länder sind Neuseeland, Südafrika, Australien, England, Wales, Irland, Schottland, Frankreich, Argentinien und Italien.

Remember

Englisch ist eine Weltsprache, und es gibt viele Länder, die Englisch als Amtssprache einsetzen. Die kulturellen Unterschiede dieser Länder sind groß und vielfältig und Englisch dient als Kommunikationsmittel. In **NEXT** konzentrieren wir uns auf britisches Englisch, vergessen aber auch die amerikanischen Varianten nicht. Es ist uns aber bewusst, dass Englisch auch in vielen anderen Kulturen und Kontexten geschrieben und gesprochen wird, und wir möchten Ihnen davon so viel wie möglich vermitteln.

Your link to the Portfolio
Ihr Link zum Portfolio

Was ist das Europäische Sprachenportfolio?

Es ist eine Art Ordner, in dem Sie beschreiben können:
• welche Sprachen Sie kennen,
• was Sie in jeder dieser Sprachen genau können.
Zudem kann das Sprachenportfolio Ihnen dabei helfen, Ihr Fremdsprachenlernen zu planen und zu verbessern. Auf der **NEXT**-Internetseite (www.hueber.de/next/portfolio) sowie auf S.146 finden Sie mehr Informationen über das Sprachenportfolio der deutschen Volkshochschulen, das **Europäische Sprachenportfolio für Erwachsene**.

Was heißt „europäisch"?
Das Europäische am Sprachenportfolio:
• die offizielle Anerkennung durch den Europarat in Straßburg,
• das europäische Stufensystem.

Was ist das europäische Stufensystem?
Es besteht aus sechs Stufen, die konkret beschreiben, was man auf der jeweiligen Stufe in der Fremdsprache kann. Diese Stufen heißen: A1, A2, B1, B2, C1, C2.

Lesen Sie die folgende Beschreibung der Stufe A2 des Europäischen Referenzrahmens, auf die Sie mit **NEXT A2/1** und **A2/2** hinarbeiten.

Ich kann mich in einfachen, routinemäßigen Situationen verständigen, in denen es um einen einfachen, direkten Austausch von Informationen und um vertraute Themen und Tätigkeiten geht. Ich kann mit einer Reihe von Sätzen und mit einfachen Mitteln z. B. meine Familie, andere Leute, meine Wohnsituation, meine Ausbildung und meine gegenwärtige oder letzte berufliche Tätigkeit beschreiben.

© Europarat, Strassburg

Ähnliche Beschreibungen wie diese für das Sprechen bietet der Referenzrahmen auch für das Hör- und für das Leseverstehen sowie für das Schreiben. Alle Beschreibungen für die Niveaus A1, A2 und B1 finden Sie ab S.144. **NEXT** orientiert sich in Aufbau und Inhalt ganz klar an diesen „Kann-Beschreibungen".

Noch genauere Beschreibungen finden Sie in den sogenannten „Checklisten" des Sprachenportfolios.

Mit dem Sprachenportfolio kann jeder – anfangs mit ein wenig Hilfe – sich selbst einschätzen und für sich selbst Ziele festlegen. Mit Hilfe des Stufensystems können Sprachkenntnisse auch erstmals europaweit verglichen werden.

Was findet man sonst noch im Sprachenportfolio?
Jedes „Europäische Sprachenportfolio" hat drei Teile:
- eine Sprachenbiografie, mit deren Hilfe Sie sich überlegen können, was Sie bereits können und was und wie Sie weiter lernen wollen;
- einen Sprachenpass, der es Ihnen ermöglicht, alle Ihre Fremdsprachen und Sprachkenntnisse zu dokumentieren;
- ein Dossier, in dem Sie Ihre Sprachkenntnisse mit Dokumenten und Leistungsbeispielen nachweisen können.

Mehr zu Unit 1
Planen

Setzen Sie sich Ihre Ziele
In **Unit 1** werden Sie gefragt, wofür Sie Englisch brauchen. Benötigt aber nicht jeder, der Englisch lernt, den Grundwortschatz der Sprache sowie die wichtigsten Strukturen der Grammatik? Ja, selbstverständlich, aber je nach Lernmotivation hat jede bzw. jeder Lernende andere Prioritiäten.

• Fertigkeiten
Welche Fertigkeiten sind für Sie wichtig? Als Tourist brauchen Sie wahrscheinlich in erster Linie die mündliche Sprache: Sie wollen Leute verstehen, wenn Sie mit Ihnen reden, und wollen Ihre Bedürfnisse ausdrücken, Fragen stellen, Bestellungen aufgeben usw. Gleichzeitig ist es wahrscheinlich, dass Sie gewisse Dinge lesen wollen: Informationen, Speisekarten, Broschüren usw. Schreiben dagegen ist vielleicht weniger wichtig für Sie.

Wenn Sie aber Englisch für Ihre Arbeit brauchen, können Ihre Bedürfnisse anders aussehen. Je nach Beruf müssen Sie viele E-Mails schreiben, Telefonate führen usw. Wieder andere lernen Englisch aus persönlichem Interesse: ihr Ziel ist es vielleicht, englische Romane zu lesen oder mit Freunden in anderen Ländern zu chatten oder zu mailen.

Je nach Bedürfnis also sieht Ihr Wunschprofil anders aus. Das europäische Sprachenportfolio trägt dem Rechnung, indem es sogenannte Teilkompetenzen anerkennt. Das Portfolio gibt die Möglichkeit, ein Profil zu entwickeln, in welchem nicht alle Fertigkeiten gleich stark sind. Sie sollten sich also überlegen, wie Ihr Wunschprofil idealerweise aussehen sollte. Wie gut wollen Sie im Gespräch oder im zusammenhängenden Sprechen (Präsentationen zum Beispiel) sein? Wie gut wollen Sie verstehen? Wie gut muss Ihre schriftliche Kommunikation sein?

• Sonderwünsche

Haben Sie Sonderwünsche in Bezug auf Wortschatz? Der Grundwortschatz – die am häufigsten gebrauchten Wörter in Englisch – wird in Ihrem **NEXT**-Kurs systematisch gelernt und geübt. Es gibt aber Wortfelder, die für Sie wichtiger sind als andere. Vielleicht sind Sie ein leidenschaftlicher Feinschmecker: Sie interessieren sich also für den Wortschatz „Küche" und „Kochen". Oder Sie sind Managerin in einer internationalen Firma und müssen viele Geschäftsleute empfangen: Sie haben also ein großes Interesse daran, sich im Smalltalk zu üben.
Jeder sollte persönliche Prioritäten setzen. Sie müssen nicht jedes Wort sofort lernen, das im Kurs auftaucht: Konzentrieren Sie sich auf das für Sie Wesentliche.

Weil der **NEXT**-Kurs ein breites Publikum anspricht, kann er nicht alle Wortfelder abdecken. Wenn Sie spezielle Interessen haben (Gärtnerei, Autos, Politik, Medizin), können Sie bereits jetzt beginnen, einen Fachwortschatz zu erwerben. Ihr/e Kursleiter/in kann Ihnen eventuell dabei helfen. Wenn Sie ganz besondere Ziele haben, können Sie auch zu einem späteren Zeitpunkt einen geeigneten Kurs buchen. Es gibt zum Beispiel Kurse für Geschäftsleute oder andere Berufsgruppen.

• Kursziele und persönliche Ziele

Was ist der Unterschied zwischen den Zielen des Kurses und Ihren persönlichen Zielen? Der Kurs hat vorgegebene Lernziele: Im Kurs **A2/2** ist das Ziel das Erreichen der Stufe A2 im europäischen Niveausystem (siehe **Mehr Zu Unit 10** zur Beschreibung dieser Stufe). Ihre Kursleitung hat also ein vorgeschriebenes Programm. Was bedeuten nun Ihre persönlichen Lernziele in diesem Rahmen, und warum sind sie wichtig?

Alle Teilnehmer eines Kurses sind mit Blick auf Wissen, Können, Motivation usw. individuell verschieden. Das gilt sowohl für den Anfang als auch für das Ende des Kurses. Deshalb sind die individuellen Lernziele und Lernwege so wichtig. Messen Sie Ihren Lernfortschritt nur an Ihren persönlichen Zielen und vergleichen Sie sich nicht mit anderen Kursteilnehmern. Diese waren zu Beginn des Kurses vielleicht stärker oder schwächer oder haben eventuell ganz andere Interessen.

• Wäre es also besser, alleine zu lernen?

Die Antwort ist ein klares Nein. Man lernt besser in einer Gruppe: Der Austausch und die Zusammenarbeit mit anderen Kursteilnehmern

verbessern die Leistung. Das gilt im Prinzip für alle Lernfächer, was aber Sprachen angeht, so ist die Kommunikation mit anderen Menschen absolut zentral. Seien Sie also ein starkes und selbstbewusstes Mitglied Ihrer Lerngruppe. So machen Sie Fortschritte.

Zwei nützliche Fragebogen zum Thema Planen finden Sie auf der English **NEXT**-Webseite im Abschnitt Portfolio / **NEXT A2/2** (www.hueber.de/next/portfolio): einen mit dem Titel „Mein Lernplan" und einen zweiten, der „Meine Lernpläne" heißt.

Mehr zu Unit 5
Lernstile

Als Mitglied Ihrer Lerngruppe sind Sie individuell und einzigartig. Nicht nur sind Ihr Lernhintergrund und Ihre Lernmotivation nicht identisch mit denjenigen Ihrer Mitlernenden, sondern auch Ihr Lernstil (wie Sie lernen) ist speziell. Natürlich gibt es einige „Lernregeln", die für alle gültig sind, zum Beispiel: Man kann eine Fertigkeit nicht lernen, ohne sie zu üben. Jede und jeder von uns lernt aber mit einem individuellen Methoden-Mix und eigenen Techniken.

In **Unit 5** finden Sie Tipps in Bezug auf die Kursleitung, den Kurstyp und Lernkontext und den Austausch von Ideen mit den Anderen in der Lerngruppe.

Wenn Sie an gute und schlechte Lehrer und Lehrerinnen aus der Schule oder anderen Kursen, die Sie gemacht haben, zurückdenken, werden Sie viel über Lernerfolg und –misserfolg erfahren. Manche Lehrer haben Sie zum Beispiel besonders gut auf eine bestimmte Prüfung vorbereitet, Sie dabei aber nicht unbedingt langfristig positiv beeinflussen können. Sie haben dank des gezielten Unterrichts vielleicht gute Noten von solchen Lehrern bekommen, aber praktisch haben Sie nachher nicht viel besser in der Fremdsprache sprechen können. Andere Lehrer haben Sie mit Rücksicht auf Ihre Begabungen und Fähigkeiten eher auf das lebenslange Lernen vorbereitet.

Manche Leute erinnern sich am besten an das, was sie gesehen haben. Sie haben viele Bilder im Gedächtnis. Andere können sich leicht Melodien oder einzelne Stimmen merken. Einige lernen gern, wenn sie ruhig sitzen und studieren: Sie können sich lange konzentrieren und reflektieren. Andere sind ungeduldig und ruhelos: Sie müssen sich bewegen und etwas unternehmen, und sie lernen auf diese Art. Jeder hat seine Stärken und Schwächen. Sie sollten auf Ihre Stärken setzen.

Suchen Sie Lernmethoden und Techniken, die für Sie wirksam sind. Das ist der Grund, warum wir in **NEXT** viele verschiedene Tipps geben. Probieren Sie diese aus, und wählen Sie, was für Sie am besten ist.

Die anderen Mitglieder Ihrer Lerngruppe bleiben bei Ihrem Lernen ein sehr wichtiges Hilfsmittel. Sie verstehen Ihre Mitlernenden doch bestens, wenn sie Englisch reden, nicht wahr? Und Sie können viel von ihnen lernen. Vielleicht benutzt jemand ein Wort, das Sie noch nicht kennen. Dann übernehmen Sie es. Oder Ihre Nachbarin im Kurs erzählt etwas auf besonders gute und einfache Art und Weise, und Sie merken, dass Sie Ihre eigene Geschichte im gleichen Stil erzählen könnten.

Unterschätzen Sie nie, wie viel Sie von Ihren Mitlernenden lernen können. Sie können auch viele gute Ideen im Gespräch mit ihnen austauschen. Reden Sie in Ihrer Lerngruppe über das Lernen selber, über Lerntipps und -techniken. Sie werden davon profitieren!

Ein Fragebogen zum Thema Lernstile mit dem Titel „Aus meiner Lerngeschichte" können Sie von der English **NEXT**-Webseite im Abschnitt Portfolio / **NEXT A2/2** downloaden (www.hueber.de/next/portfolio).

Mehr zu Unit 10
Selbstbeurteilung am Ende des Kurses

Am Ende des Buches ist es an der Zeit, Ihren Lernstand nochmals zu überprüfen. Was können Sie jetzt? In welchen Fertigkeiten haben Sie die A2-Stufe jetzt erreicht oder sogar übertroffen?

Im Folgenden finden Sie die Beschreibungen der europäischen Stufe A2 zusammen mit den Beschreibungen der vorhergegangenen Stufe A1 und der nächsten Stufe B1. Bevor Sie beginnen, sich selber zu beurteilen, lesen Sie unsere Hinweise.
• Ihr Lernstand entspricht wahrscheinlich einem „Profil": Das heißt, dass Sie sich in gewissen Fertigkeiten sicherer fühlen als in anderen.
• Es ist sehr wahrscheinlich, dass Ihr Lernstand zwischen zwei Stufen liegt.

Wie können Sie sich einschätzen? Folgen Sie diesen Schritten:
- Lesen Sie jede Beschreibung sorgfältig. Sind Sie einer solchen Situation in der Klasse oder (noch besser) außerhalb der Klasse begegnet?
- Hatten Sie genügend Wortschatz und Grammatik zur Verfügung und war Ihre Aussprache klar genug, um die Aufgabe zu bewältigen? Vergessen Sie nicht, dass Genauigkeit und Korrektheit in jedem Detail auf der Stufe A2 weniger wichtig sind, als zu verstehen und verstanden zu werden. Verständlichkeit (auch bei Fehlern) ist der Maßstab.
- Alle Beschreibungen im europäischen Stufensystem geben Beispiele von Handlungen oder Aufgaben, die zeigen, was der Lerner auf dieser Ebene bewältigen soll und wie er es tun soll – zum Beispiel wie schnell und wie korrekt usw. Wenn Sie eine Aufgabe nicht können oder noch nicht versucht haben, heißt das nicht unbedingt, dass Sie diese Stufe noch nicht erreicht haben. Eventuell haben Sie ja ähnliche Aufgaben gelöst.
- Wenn Sie mehr Beispiele benötigen, finden Sie diese am Ende jeder Unit in NEXT.
- Und vergessen Sie nicht, was wir oben über die Zusammenarbeit mit Mitlernenden gesagt haben. Am besten schätzen Sie sich mit der Hilfe einiger Klassenkameraden ein.

Das Europäische Stufensystem (Stufen A1-B1)

Hören

A1

Ich kann vertraute Wörter und ganz einfache Sätze verstehen, die sich auf mich selbst, meine Familie oder auf konkrete Dinge um mich herum beziehen, vorausgesetzt es wird langsam und deutlich gesprochen.

A2

Ich kann einzelne Sätze und die gebräuchlichsten Wörter verstehen, wenn es um für mich wichtige Dinge geht (z. B. sehr einfache Informationen zur Person und zur Familie, Einkaufen, Arbeit, nähere Umgebung). Ich verstehe das Wesentliche von kurzen, klaren und einfachen Mitteilungen und Durchsagen.

B1

Ich kann die Hauptpunkte verstehen, wenn klare Standardsprache verwendet wird und wenn es um vertraute Dinge aus Arbeit, Schule, Freizeit usw. geht. Ich kann vielen Radio- oder Fernsehsendungen über aktuelle Ereignisse und über Themen aus meinem Berufs- oder Interessengebiet die Hauptinformation entnehmen, wenn relativ langsam und deutlich gesprochen wird.

An Gesprächen teilnehmen

A1

Ich kann mich auf einfache Art verständigen, wenn mein Gesprächspartner bereit ist, etwas langsamer zu wiederholen oder anders zu sagen, und mir dabei hilft zu formulieren, was ich zu sagen versuche. Ich kann einfache Fragen stellen und beantworten, sofern es sich um unmittelbar notwendige Dinge und um sehr vertraute Themen handelt.

A2

Ich kann mich in einfachen, routinemäßigen Situationen verständigen, in denen es um einen einfachen, direkten Austausch von Informationen und um vertraute Themen und Tätigkeiten geht. Ich kann ein sehr kurzes Kontaktgespräch führen, verstehe aber normalerweise nicht genug, um selbst das Gespräch in Gang zu halten.

B1

Ich kann die meisten Situationen bewältigen, denen man auf Reisen im Sprachgebiet begegnet. Ich kann ohne Vorbereitung an Gesprächen über Themen teilnehmen, die mir vertraut sind, die mich persönlich interessieren oder die sich auf Themen des Alltags wie Familie, Hobbys, Arbeit, Reisen, aktuelle Ereignisse beziehen.

Zusammenhängendes Sprechen

A1
Ich kann einfache Wendungen und Sätze gebrauchen, um Leute, die ich kenne, zu beschreiben und um zu beschreiben, wo ich wohne.

A2
Ich kann mit einer Reihe von Sätzen und mit einfachen Mitteln z. B. meine Familie, andere Leute, meine Wohnsituation, meine Ausbildung und meine gegenwärtige oder letzte berufliche Tätigkeit beschreiben.

B1
Ich kann in einfachen, zusammenhängenden Sätzen sprechen, um Erfahrungen und Ereignisse oder meine Träume, Hoffnungen und Ziele zu beschreiben. Ich kann kurz meine Meinungen und Pläne erklären und begründen. Ich kann eine Geschichte erzählen oder die Handlung eines Buches oder Films wiedergeben und meine Reaktionen beschreiben.

Lesen

A1
Ich kann einzelne vertraute Namen, Wörter und ganz einfache Sätze verstehen, z. B. auf Schildern, Plakaten oder in Katalogen.

A2
Ich kann ganz kurze, einfache Texte lesen. Ich kann in einfachen Alltagstexten (z. B. Anzeigen, Prospekten, Speisekarten oder Fahrplänen) konkrete, vorhersehbare Informationen auffinden und ich kann kurze, einfache persönliche Briefe verstehen.

B1
Ich kann Texte verstehen, in denen vor allem sehr gebräuchliche Alltags- oder Berufssprache vorkommt. Ich kann private Briefe verstehen, in denen von Ereignissen, Gefühlen und Wünschen berichtet wird.

Schreiben

A1
Ich kann eine kurze, einfache Postkarte schreiben, z. B. Feriengrüße. Ich kann auf Formularen, z. B. in Hotels, Namen, Adresse, Nationalität usw. eintragen.

A2
Ich kann kurze, einfache Notizen und Mitteilungen schreiben. Ich kann einen ganz einfachen, persönlichen Brief schreiben, z. B. um mich für etwas zu bedanken.

B1
Ich kann über Themen, die mir vertraut sind oder mich persönlich interessieren, einfache, zusammenhängende Texte schreiben. Ich kann persönliche Briefe schreiben und darin von Erfahrungen und Eindrücken berichten.

(c) Europarat, Strassburg, 2001

Nähere Informationen über das **Europäisches Sprachenportfolio für Erwachsene** der deutschen Volkshochschulen mit Sprachenpass, Sprachenbiographie, Dossier und einem Leitfaden mit Hinweisen zur Umsetzung im Sprachlernprozess finden Sie im Internet unter www.hueber.de/next/portfolio.

Sie können das **Europäische Sprachenportfolio für Erwachsene**, das im Hueber Verlag veröffentlicht worden ist, unter der ISBN 978–3–19–002963–1 bestellen.

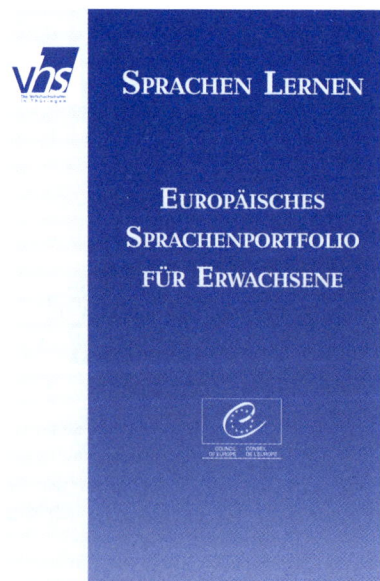

Phonetic table
Hinweise zur Aussprache

Das folgende phonetische Alphabet für Englisch wird im alphabetischen Wortschatz in **NEXT A2/2 Student's Book** sowie gelegentlich in diesem **Companion** benutzt.

:	der vorangehende Laut ist lang		
'	auf der folgenden Silbe liegt die Hauptbetonung		
ˌ	auf der folgenden Silbe liegt eine Nebenbetonung		
‿	die beiden Laute werden miteinander verbunden		
p	people	ɪ	six
b	bad	e	ten
t	ten	æ	man
d	day	ɒ	shop, what
k	café, kid, back	ʌ	under, son
g	good	ʊ	book
f	family	ə	about, teacher, German
v	very	iː	see, leave
θ	thanks	ɑː	armchair
ð	this	ɔː	order, warm, four
s	say, nice	uː	two, too, you
z	zero, please	ɜː	word
ʃ	she	eɪ	make, eight
ʒ	Asia	aɪ	like, right
h	have	ɔɪ	boy
tʃ	child	əʊ	OK, old, road
dʒ	Germany	aʊ	about, now
m	make	ʊə	tour
n	no	eə	where
ŋ	long, singer	ɪə	here
w	we, what		
r	read		
l	love		
j	yes		

Irregular Verbs
Unregelmäßige Verben *Zeitwörter*

infinitive	simple past	part participle	Deutsch
be	was/were	been	*sein*
beat	beat	beaten	*schlagen*
become	became	become	*werden*
begin	began	begun	*beginnen, anfangen*
break	broke	broken	*zerbrechen*
bring	brought	brought	*herbringen*
build	built	built	*bauen*
burn	burnt	burnt	*brennen*
buy	bought	bought	*kaufen*
catch	caught	caught	*fangen*
choose	chose	chosen	*(aus)wählen*
come	came	come	*kommen*
cost	cost	cost	*kosten*
cut	cut	cut	*schneiden*
do	did	done	*tun, machen*
drink	drank	drunk	*trinken*
drive	drove	driven	*fahren*
eat	ate	eaten	*essen*
fall	fell	fallen	*fallen*
feel	felt	felt	*fühlen*
fight	fought	fought	*kämpfen*
find	found	found	*finden*
fly	flew	flown	*fliegen*
forget	forgot	forgotten	*vergessen*
freeze	froze	frozen	*(ge)frieren*
get	got	got	*bekommen*
give	gave	given	*geben*
go	went	gone	*gehen*
grow	grew	grown	*wachsen*
hang	hung	hung	*(auf)hängen*
have	had	had	*haben*
hear /hɪə(r)/	heard /hɜː(r)d/	heard /hɜː(r)d/	*hören*
hit	hit	hit	*schlagen, treffen*
hold	held	held	*halten*
hurt	hurt	hurt	*verletzen*
keep	kept	kept	*behalten*

know	knew	known	*wissen, kennen*
leave	left	left	*verlassen*
lend	lent	lent	*verleihen*
let	let	let	*lassen*
lose	lost	lost	*verlieren*
make	made	made	*machen*
mean	meant	meant	*bedeuten*
meet	met	met	*treffen*
pay	paid	paid	*bezahlen*
put	put	put	*setzen, stellen, legen*
read /riːd/	read /red/	read /red/	*lesen*
ride	rode	ridden	*reiten*
rise	rose	risen	*aufgehen, ansteigen*
ring	*rang*	*rung* —	*klingeln*
run	ran	run	*laufen, rennen*
say	said	said	*sagen*
see	saw	seen	*sehen*
sell	sold	sold	*verkaufen*
send	sent	sent	*schicken*
shine	shone	shone	*scheinen*
shut	shut	shut	*schließen*
sing	sang	sung	*singen*
sit	sat	sat	*sitzen*
sleep	slept	slept	*schlafen*
speak	spoke	spoken	*sprechen*
spend	spent	spent	*(Geld) ausgeben, (Zeit) verbringen*
stand	stood	stood	*stehen*
steal	stole	stolen	*stehlen*
swim	swam	swum	*schwimmen*
take	took	taken	*nehmen, bringen*
teach	taught	taught	*unterrichten*
tell	told	told	*erzählen, berichten*
think	thought	thought	*denken*
understand	understood	understood	*verstehen*
wake	woke	woken	*aufwecken*
wear	wore	worn	*anhaben, tragen (Kleidung)*
win	won	won	*gewinnen*
write	wrote	written	*schreiben*

Index
Alphabetisches Verzeichnis